Roland R. Geisselhart
Marion Zerbst

Das perfekte Gedächtnis

Hinter jeder Stirn ein Superhirn

Orell Füssli

Ich kann nicht!
Wer das sagt, setzt sich selbst Grenzen.
Denken Sie an die Hummel.

Die Hummel hat 0,7 qcm Flügelfläche
bei 1,2 Gramm Gewicht.
Nach den bekannten Gesetzen der Aerodynamik
ist es unmöglich, bei diesem Verhältnis
zu fliegen.
Die Hummel weiß das aber nicht
und fliegt einfach!

Producing: WZ Media Productions
Redaktion und Design: Werner Waldmann
Zeichnungen: Elaine Blatchford und
creativ collection

3. Auflage 1993

Umschlag: H. + C. Waldvogel, Zürich
Satz, Druck und Einband: Ebner Ulm
Printed in Germany
ISBN 3 280 01918 4

Inhalt

Ist Genialität erlernbar?

Ich will Ihnen nicht zuviel versprechen, doch mit diesem Buch bringen Sie Ihr Gedächtnis tatsächlich auf Vordermann. Und dies in einem Ausmaß, das Sie selbst höchst verblüffen wird.

Lesen Sie bitte die folgenden Punkte nacheinander aufmerksam durch und kreuzen Sie an, aus welchem Grund Sie Ihr Gedächtnis entscheidend verbessern wollen:

* Um eine Sprache schneller zu erlernen, ☐
* sich viele Dinge konkreter und schneller zu merken, ☐
* einen Lageplan genau im Kopf zu haben, ☐
* einen früher begangenen Weg auf Anhieb wiederzufinden, ☐
* Personen selbst nach Jahren rasch wiederzuerkennen, ☐
* eine Lageskizze, technische Zeichnungen oder einen Plan in der Vorstellung zu sehen und zu speichern, ☐
* sich ein fotografisches Gedächtnis anzueignen, ☐
* den morgigen Tagesablauf genau vor sich zu sehen und wichtige Schritte vorauszuplanen, ☐
* geistige Flexibilität und Schlagfertigkeit zu gewinnen, ☐
* eine Verhandlung vorzuplanen und erfolgreich zu steuern, ☐
* bessere und schlagfertigere Argumente zu finden, ☐
* im Verkauf brillant zu überzeugen, ☐
* im Reden und Denken anderen voraus zu sein, ☐
* auf Anhieb mehr sehen und erkennen, ☐
* eine Lage rascher zu überschauen, ☐
* sich völlig neue Denkbahnen zu erschließen, ☐
* einem Vortrag besser folgen zu können und sich alle Fakten zu merken, ☐
* sich auf eine erwünschte geistige Fähigkeit zu konzentrieren und diese aktiv stufenweise zu entwickeln, ☐
* die Trennung von Phantasie, Gefühl und Intelligenz zu überwinden und so mehr Harmonie auszustrahlen, ☐
* Bildern und Symbolen die unterschiedlichsten Deutungsnuancen geben zu können, ☐
* sein Unterscheidungsvermögen zu entfalten. ☐

Vielleicht haben Sie noch weitere Ziele, die gar nicht in dieser Liste aufgeführt sind? Denken Sie bitte nach und schreiben Sie auch diese Ziele nieder.

Haben Sie sich schon einmal überlegt, wie Sie diese Ziele erreichen können? Und was für grundlegende Fähigkeiten Sie dazu brauchen?

Ein brillantes Gedächtnis hilft Ihnen weiter auf dem Weg zu Anerkennung und Erfolg. Ein gutes Gedächtnis ist kein Selbstzweck. Es ist die Grundlage für jeden Erfolg. Wenn Sie Ihre persönlichen Ziele noch einmal anschauen, merken Sie schnell, daß Sie neben anderen Fähigkeiten vor allem eine grundlegende Fähigkeit brauchen: ein gutes Gedächtnis.

Ein gutes Gedächtnis kann jeder haben. Das ist nicht angeboren, sondern eine Sache der Technik und Routine. In diesem Buch zeigen wir Ihnen, sie Sie spielend leicht Ihre Gedächtnisleistungen fast unglaublich steigern können.

Machen Sie sich an die Arbeit, und ich verspreche Ihnen, es wird Ihnen großen Spaß bereiten, und Ihr Gedächtnis bringen Sie rasch auf Vordermann.

Freuen Sie sich jetzt schon auf Ihren Erfolg.

Ihr
Roland R. Geisselhart

Test
Wie gut ist Ihr Gedächtnis?

Ein gutes Gedächtnis ist eine unabdingbare Voraussetzung für den beruflichen Erfolg.

In unserem Informationszeitalter müssen wir uns viele Dinge merken und vielerlei Kenntnisse aneignen, die beruflich für uns wichtig sind. Daten, Fakten, Statistiken, neue technische Errungenschaften ... Täglich stürmt eine Flut neuer Informationen auf uns ein.

Bei Reden und Ansprachen, Präsentationen und Gesprächen mit Kunden ist es ein großer Vorteil, wenn wir das, was wir sagen möchten, möglichst lückenlos in unserem Gedächtnis abgespeichert haben. Dann brauchen wir nicht mehr lange nachzudenken, sondern können uns ganz auf unser Gegenüber konzentrieren.

Und unsere Kunden und neuen Mitarbeiter sind natürlich angenehm berührt, wenn wir uns schon nach kurzem Kennenlernen sofort wieder an sie erinnern.

Zu all diesen Fähigkeiten will Ihnen dieses Buch verhelfen – und Sie werden sie mit so spielerischer Leichtigkeit erlernen, daß es Ihnen keinesfalls wie Anstrengung oder gar Arbeit, sondern eher wie ein Vergnügen vorkommen wird.

Aber zunächst wollen wir einmal herausfinden, wie gut Ihr Gedächtnis im Augenblick ist. Der folgende Test wird Ihnen zeigen, ob Sie ein «Gedächtnis wie ein Sieb» haben oder ob jetzt schon Anlagen zum Gedächtnisakrobaten in Ihnen schlummern. Er besteht aus sechs Teilen, in denen verschiedene Gedächtnisleistungen getestet werden: Ihr Zahlengedächtnis, Ihr Namens- und Personengedächtnis und Ihre Fähigkeit, sich Begriffe, Checklisten, Vokabeln und die wichtigsten Argumente eines Verkaufsgesprächs zu merken.

Aber bitte nicht mogeln! Das Testergebnis erfährt ja niemand außen Ihnen selbst, und ein schlechtes oder mittelmäßiges Ergebnis ist auch kein Grund zur Enttäuschung. Im Gegenteil – wenn Ihr Ergebnis zu gut wäre, hätten Sie das Geld für dieses Buch völlig umsonst ausgegeben! Und außerdem wäre ich arbeitslos, wenn alle Menschen schon von vornherein ein gutes Gedächtnis hätten.

Also viel Spaß und Erfolg beim folgenden Gedächtnistest!

1. Können Sie sich Begriffe gut merken?

Wir fangen mit einer ganz leichten Übung an.

Unten sehen Sie fünfzehn Paare von Begriffen, die einander zugeordnet sind. Lesen Sie sich diese fünfzehn Paare einmal langsam und aufmerksam durch. Anschließend machen Sie eine kleine Pause – kochen Sie sich eine Tasse Kaffee, rauchen Sie eine Zigarette oder gießen Sie Ihre Pflanzen.

Anschließend decken Sie diese Seite ab und machen Sie den Test auf der gegenüberliegenden Seite.

Hose – Büroklammer

Blumentopf – Pudel

Parfüm – Tomate

Brötchen – Briefkasten

Gartenhaus – Kamel

Aktentasche – Tür

Wald – Radieschen

Kamera – Telefon

Vogel – Bluse

Dirigent – Bleistift

Schiff – Geschenkpapier

Buch – Eidechse

Klavier – Rose

Schallplatte – Rasierapparat

Auto – Haferflocken

Haben Sie sich die fünfzehn Begriffspaare gemerkt?

Das werden wir gleich sehen. Unten sind jeweils nur die ersten Begriffe der fünfzehn Paare abgedruckt. Die Reihenfolge haben wir ein wenig geändert.

Schreiben Sie die zugehörigen Begriffe daneben. Dann blättern Sie wieder zurück und schauen Sie nach, wie viele «Richtige» Sie haben.

Für jedes richtige Begriffspaar erhalten Sie einen Punkt.

Auto	____________________	☐
Vogel	____________________	☐
Brötchen	____________________	☐
Kamera	____________________	☐
Dirigent	____________________	☐
Hose	____________________	☐
Parfüm	____________________	☐
Schiff	____________________	☐
Gartenhaus	____________________	☐
Blumentopf	____________________	☐
Schallplatte	____________________	☐
Aktentasche	____________________	☐
Buch	____________________	☐
Wald	____________________	☐
Klavier	____________________	☐

Maximal erreichbare Punktzahl: 15
Wie viele Punkte haben Sie erreicht? ☐

2. Und wie steht es mit Einkaufs- und Checklisten?

Ist es nicht lästig, alles, was man einkaufen oder erledigen möchte, aufnotieren zu müssen?

Viel praktischer wäre es, wenn man all diese Dinge einfach im Kopf behielte.

Können Sie das?

Wir haben uns für Sie drei kleine Erledigungslisten ausgedacht. Lesen Sie diese drei Listen aufmerksam durch und versuchen Sie, sich die Posten einzuprägen. Sie haben für jede Liste eine Minute Zeit.

Dann decken Sie diese Seite ab und legen Sie wieder eine kleine Pause ein (Sie wissen schon: Pflanzen gießen, Zigarette rauchen oder Kaffee kochen). Und anschließend machen Sie die Übung auf der gegenüberliegenden Seite.

1. **Rosen**
   Briefmarken
   Büroklammern
   Geschenkpapier
   Briefwaage
   Terminkalender

2. **Schallplatte**
   Toilettenpapier
   Mineralwasser
   Zigaretten
   Kugelschreiberminen
   Rasierwasser

3. **Belegte Brötchen**
   Servietten
   Bier
   Wein
   Blumenvase
   Telefonat

Haben Sie die Einkaufslisten noch im Kopf?

Unten ist von jeder Liste nur der erste Posten abgedruckt. Schreiben Sie die anderen fünf Posten jeweils in die leeren Zeilen darunter. Dann überprüfen Sie Ihr Ergebnis.

Für jede Liste, die Sie im Gedächtnis behalten haben, dürfen Sie sich einen Pluspunkt eintragen. (Auf die Reihenfolge der einzelnen Posten kommt es dabei nicht an).

1. Rosen

____

____

____

____

______________________ ☐

2. Schallplatte

____

____

____

____

______________________ ☐

3. Belegte Brötchen

____

____

____

____

______________________ ☐

Maximal erreichbare Punktzahl: 3
Ihre Punktzahl: ☐

3. Sind Sie ein rhetorisches Genie?

Wie geht es Ihnen, wenn Sie eine Ansprache halten oder ein wichtiges Verkaufsgespräch führen müssen? Gelingt es Ihnen, alle wichtigen Punkte vorher lückenlos in Ihrem Gedächtnis abzuspeichern, oder fühlen Sie sich häufig unsicher und haben Angst, daß Sie sich verhaspeln oder etwas vergessen?

Dieser Test wird Ihnen verraten, wie es um Ihre rhetorischen Fähigkeiten bestellt ist.

Sie möchten einen Kunden von den Vorzügen des neuen Aktenkoffers überzeugen, den Ihre Firma vertreibt. Unten stehen Ihre fünf wichtigsten Verkaufsargumente. Sie dürfen sie dreimal hintereinander aufmerksam durchlesen. Dann wagen Sie sich nach einer kleinen Pause an den Test auf der nächsten Seite.

1. **Der Koffer ist aus besonders leichtem Material und dennoch stabil genug.**

2. **Er enthält eine sehr praktische Seitentasche für Papiere mit einem Register.**

3. **Er ist nicht nur in dem üblichen Schwarz und Bordeauxrot, sondern zusätzlich auch noch in den ansprechenden Farben Dunkelblau, Grau und Grün erhältlich.**

4. **Die abgerundeten Ecken verleihen ihm eine besonders gefällige Form.**

5. **Trotz all dieser Vorzüge ist er preisgünstiger als die meisten anderen Aktenkoffer, die derzeit auf dem Markt sind.**

Und nun decken Sie die linke Seite ab und erzählen Sie mir von den fünf wichtigsten Vorzügen Ihres Aktenkoffers!

Der genaue Wortlaut ist dabei völlig unwichtig. Es kommt nur auf die inhaltliche Richtigkeit an.

Für jedes richtige Verkaufsargument gibt es einen Punkt.

1. ______________________________

____

______________________________ ☐

2. ______________________________

____

______________________________ ☐

3. ______________________________

____

______________________________ ☐

4. ______________________________

____

______________________________ ☐

5. ______________________________

____

______________________________ ☐

Maximal erreichbare Punktzahl: 5

Haben Sie sie erreicht? ☐

4. Vokabeln – kein Problem für Sie?

Viele Menschen, die gern eine Fremdsprache erlernen würden, scheitern an den Vokabeln. Ein Wort in einer fremden Sprache hat für uns keine Bedeutung und ist auch wegen der andersartigen Aussprache häufig schwer zu merken.

Nun wollen wir einmal sehen, ob Sie auch zu den Leuten gehören, die mit Fremdsprachen auf dem Kriegsfuß stehen. Wenn ja, machen Sie sich keine Sorgen – in diesem Buch werden Sie lernen, wie man sich Vokabeln mühelos und spielerisch einprägt.

Unten sehen Sie zehn spanische Vokabeln.

Versuchen Sie sich die spanischen Vokabeln samt ihrer Bedeutung einzuprägen.

Sie haben dazu zwei Minuten Zeit. (Das «c» wird jeweils wie «k» ausgesprochen. Ansonsten spricht man alles so, wie es geschrieben wird.

Machen Sie anschließend wieder eine Pause und dann die Übung auf der rechten Seite.

cordero – Lamm

cansado – müde

braga – Unterhose

acostar – zu Bett bringen

terremoto – Erdbeben

paraguas – Regenschirm

perro – Hund

marido – Ehemann

cambiar – wechseln

bandera – Flagge

Und nun zeigen Sie, daß spanische Vokabeln kein Problem für Sie sind. Unten finden Sie die acht spanischen Wörter in veränderter Reihenfolge. Schreiben Sie die deutschen Bedeutungen daneben. Für jede richtige Vokabel erhalten Sie einen Punkt.

Auf in den Kampf, Torero – olé!

braga ______________________ ☐

perro ______________________ ☐

cansado ______________________ ☐

bandera ______________________ ☐

terremoto ______________________ ☐

cordero ______________________ ☐

cambiar ______________________ ☐

paraguas ______________________ ☐

marido ______________________ ☐

acostar ______________________ ☐

Maximal erreichbare Punktzahl: 10

Wie viele Vokabeln haben Sie noch gewußt? ☐

5. Wie gut ist Ihr Personengedächtnis?

Vielen Leuten fällt es schwer, sich Namen und Gesichter einzuprägen – vor allem, wenn sie beruflich viel mit Menschen zu tun haben.

Wie sieht es bei Ihnen aus?

Testen Sie Ihr Personengedächtnis!

Schauen Sie sich die zehn Gesichter auf dieser Seite genau an und prägen Sie sich die darunter stehenden Namen ein.

Sie haben dazu zwei Minuten Zeit.

Dann klappen Sie das Buch zu, legen Sie wieder eine kleine Pause ein – vielleicht eine Tasse Kaffee? – und stürzen Sie sich auf den Gesichter-Test auf den nächsten beiden Seiten.

Herr Nauhaus

Frau Bendig

Frau Svetek

Frau Treuer

Herr Schramm

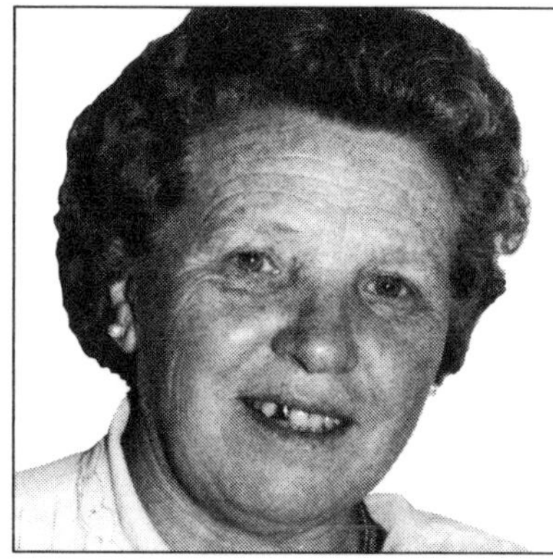

Frau Hundehege

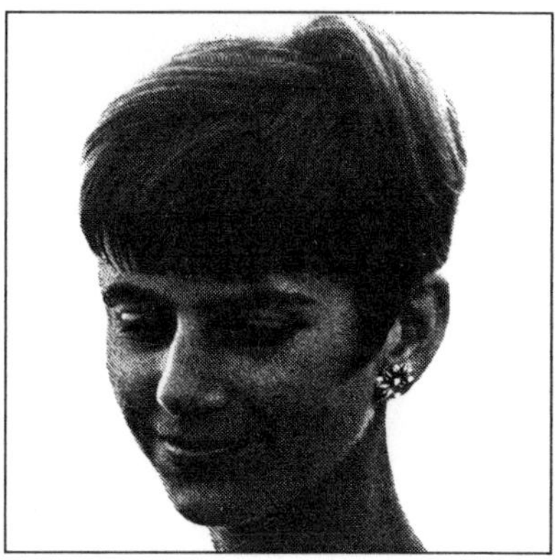

Frau Wells

Frau Sander

Herr Löwenich

Frau Krause

Haben Sie sich die Gesichter gemerkt?

Dann schreiben Sie die Namen in die leeren Zeilen unter den Fotos. (Vorsicht – wir haben die Reihenfolge wieder etwas verändert!)

Anschließend überprüfen Sie Ihr Ergebnis und geben Sie sich für jeden Namen, den Sie noch richtig wußten, einen Punkt.

Maximal erreichbare Punktzahl: 10

Wie viele Punkte haben Sie? ☐

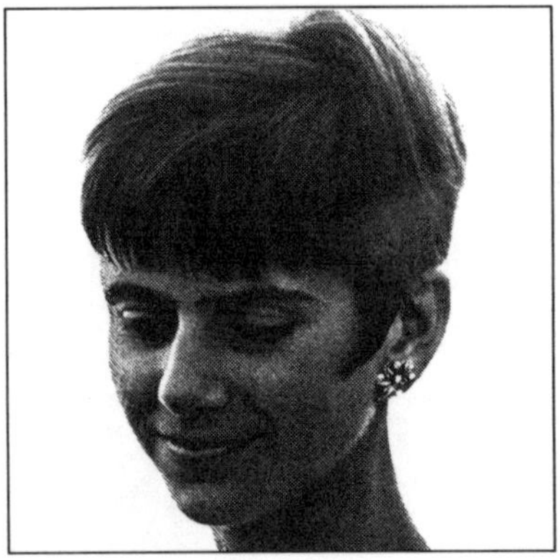

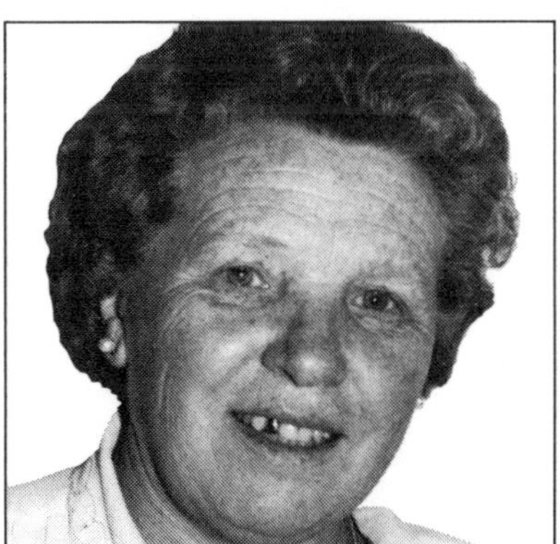

6. Haben Sie ein gutes Zahlengedächtnis?

Mit Zahlen haben wir häufig die größten Schwierigkeiten, weil sie so abstrakt sind.

Dennoch ist ein gutes Zahlengedächtnis wichtig. Preise, Verkaufsstatistiken, Artikelnummern, Termine, die Nummer Ihres Parkplatzes im Parkhaus – manchmal ist es sehr vorteilhaft, wenn man diese Zahlen im Kopf behalten kann.

Wir wollen nun einmal testen, wie gut Ihr Zahlengedächtnis ist. Unten sehen Sie fünf Telefonnummern (ohne Vorwahl natürlich – wir wollen ja nichts Unmenschliches von Ihnen verlangen).

Sie haben eine Minute Zeit, sich diese Nummern einzuprägen. Schauen Sie sie genau an. Dann decken Sie sie mit einem Blatt Papier ab und machen Sie – nach der üblichen kleinen Pause – bitte die Übung auf der rechten Seite.

49 68 63

18 67 49

68 77 10

39 02 54

70 01 76

Und nun wollen wir sehen, ob Sie das Zeug zum «wandelnden Telefonbuch» haben.

Unten ist von den fünf Telefonnummern jeweils nur die erste Ziffer angegeben. (Außerdem haben wir die Reihenfolge der Telefonnummern wieder leicht verändert.)

Ergänzen Sie die Nummern und sehen Sie dann auf der linken Seite nach, ob Sie sie richtig im Kopf behalten haben.

Für jede richtige Nummer gibt es einen Punkt!

4 ______________________ ☐

6 ______________________ ☐

3 ______________________ ☐

7 ______________________ ☐

1 ______________________ ☐

Maximal erreichbare Punktzahl: 5

Wie viele Telefonnummern haben Sie noch gewußt? ☐

Auswertung des Tests

Maximal erreichbare Punktzahl: 48

Und wie viele Punkte haben Sie erreicht? ________

0 bis 15 Punkte

Herzlichen Glückwunsch zu Ihrem Kauf! Dieses Buch ist genau das, was Sie brauchen. Ihr Gedächtnis läßt sie leider noch häufig im Stich. Aber das wird sich bald ändern, wenn Sie meinen Gedächtniskurs absolviert haben. Schon nach einer oder zwei Wochen werden Sie Ihre Kollegen und Bekannten mit Ihrem phänomenalen Gedächtnis in Erstaunen versetzen!

Denken Sie immer daran: Es gibt kein «schlechtes Gedächtnis». Es gibt nur ein untrainiertes Gedächtnis. Mit ein wenig Übung lassen sich selbst die scheinbar hartnäckigsten Lern- und Gedächtnisprobleme leicht überwinden.

16 bis 35 Punkte

Sie haben schon ein recht gutes Gedächtnis. Aber es muß noch trainiert werden, damit es wirklich zu Spitzenleistungen in der Lage ist. Es wäre schade, wenn wir die Talente, die in Ihnen schlummern, nicht zur Entfaltung brächten. Dieser Gedächtniskurs wird Ihnen dabei helfen. Da Sie schon recht gute Voraussetzungen mitbringen, werden Ihnen die Übungen in diesem Buch sicherlich nicht schwerfallen.

36 bis 48 Punkte

Werfen Sie dieses Buch weg und rufen Sie mich sofort an. Ich werde Sie als Gedächtnistrainer für meine Kurse engagieren. Sie sind ein Naturtalent!

1.

Wie funktioniert unser Gehirn?

Warum vergessen Sie immer wieder den Namen Ihres neuen Kollegen, obwohl er schon seit über einem Monat in Ihrer Abteilung arbeitet? Warum haben Sie von den tausend Dingen, die Sie sich morgens vornehmen, am Abend nur die Hälfte erledigt und die andere Hälfte vergessen? Und warum haben Sie heute zum hundertsten Mal Ihren Terminkalender verlegt und können ihn trotz verzweifelter Suche nicht wiederfinden? Dieses Kapitel verrät Ihnen, wie Ihr Gehirn funktioniert – und warum es Sie so häufig im Stich läßt.

Eine perfekte Zusammenarbeit

Ein Problem kann man im allgemeinen nur beheben, wenn man die Ursachen kennt. Um zu begreifen, warum es uns so schwerfällt, bestimmte Dinge im Gedächtnis zu behalten, warum wir Namen, Gesichter, Fakten, Daten, Termine und Vokabeln immer wieder vergessen, müssen wir uns zunächst einmal vor Augen führen, wie unser Gehirn eigentlich funktioniert.

Daß das menschliche Gehirn aus zwei Hälften – der linken und der rechten Hirnhemisphäre – besteht, ist uns schon seit etwa hundert Jahren bekannt. Doch erst seit relativ kurzer Zeit wissen wir Genaueres über die Aufgaben und Arbeitsweisen dieser beiden Gehirnhälften.

Das haben wir hauptsächlich den Nachforschungen von Dr. Roger Sperry und seinen Schülern zu verdanken. Er führte vor etwa dreißig Jahren Tests mit Epileptikern durch, bei denen das Verbindungsglied zwischen der rechten und der linken Hirnhälfte durchtrennt worden war, um zu verhindern, daß die epileptischen Anfälle sich über das ganze Gehirn ausbreiteten. Infolge dieser Operation konnte man die Funktion der beiden Gehirnhälften nun getrennt voneinander untersuchen. Sperry kam zu verblüffenden Erkenntnissen: Die rechte und die linke Hemisphäre sind nicht nur auf völlig verschiedene Aufgaben spezialisiert, sondern unterscheiden sich auch in ihrer Arbeitsweise grundlegend voneinander. Jede Gehirnhälfte denkt gewissermaßen in ihrer eigenen Sprache und führt ihr eigenes Leben.

Die linke Gehirnhälfte ist Sitz der Sprache, der Vernunft und des rationalen, logischen Denkens; ohne sie könnten wir weder sprechen noch lesen noch schreiben. Immer wenn es darum geht, etwas zu analysieren, Details zu registrieren, Schlußfolgerungen zu ziehen oder Ursachen und Wirkungen zu erkennen, ist unsere linke Hemisphäre in ihrem Element. Und da sie verbal, also in Worten, denkt, finden in ihr auch alle Abstraktionen statt: Einen Apfel kann man sich auch ganz gut vorstellen, ohne das Wort zu kennen; aber abstrakte Begriffe wie «Gerechtigkeit», «Phantasie» oder «Million» lassen sich eben nur durch Worte vermitteln.

Eine weitere Eigenart der linken Gehirnhälfte ist es, daß sie nur in streng zeitlicher Abfolge, d. h. Schritt für Schritt, denken kann. Sie kann nicht mehrere Dinge gleichzeitig wahrnehmen, sich auf etwas Ganzes konzentrieren, sondern nur Details aneinanderfügen. Probleme bewältigt sie, indem sie sie Schritt für Schritt angeht wie Teile einer Mathematikaufgabe; zum Schluß ergibt sich aus diesen vielen einzelnen Schritten – hoffentlich! – die Lösung.

Ganz anders sieht es mit unserer rechten Gehirnhälfte aus. Diese Hemisphäre denkt nicht in Worten, sondern in Bildern und sinnlichen Wahrnehmungen. Sie reagiert stark auf Sinneseindrücke wie Gerüche, Musik und visuelle Wahrnehmungen. Um bei unserem Beispiel von vorhin zu bleiben: In dieser Gehirnhälfte ist nicht das Wort «Apfel» abgespeichert, sondern in erster Linie das Bild – und ergänzend dazu auch noch Geruch und Geschmack – eines verlockenden, rotbackigen Apfels. Diesen Apfel einem Oberbegriff – beispielsweise «Obst» oder «Nahrung» – zuzuordnen, wäre der rechten Gehirnhälfte unmöglich, denn das Abstrahieren und Ordnen nach logischen Oberbegriffen ist ausschließlich Sache der linken Hemisphäre.

Auf der anderen Seite kann unsere rechte Gehirnhälfte vieles, was die linke nicht kann. Mit ihrer Hilfe können wir zum Beispiel Gesichter wiedererkennen, bildliche Eindrücke verarbeiten und Ähnlichkeiten zwischen bestimmten Formen oder Mustern feststellen. Und sie ist auch der Sitz unserer Gefühle, steuert weitgehend unser emotionales Verhalten.

Aus all dem ergibt sich bereits, daß in der rechten Hirnhälfte auch das Schöpferische im Menschen angesiedelt ist, seine Kreativität und Phantasie. Ein Künstler, beispielsweise ein Maler, Fotograf oder Musiker, verläßt sich bei seinem Schaffensakt zum Großteil auf seine rechte Hemisphäre, was zeitweise bis zur völligen Ausschaltung der linken, rational denkenden Gehirnhälfte gehen kann. Und auch ein Schriftsteller käme ohne gut ausgeprägte rechte Gehirnhälfte nicht aus: denn sein Ausdrucksmittel, die Sprache, ist zwar in der linken Hemisphäre angesiedelt; doch für die Feinheiten der Sprache – z.B. Bilder, Symbole, emotionale Untertöne – ist die mehr gefühlsorientierte und phantasiebegabte rechte Hälfte zuständig.

Auch die räumliche Wahrnehmung und Orientierung fällt in die rechte Hälfte unseres Gehirns. Mit der linken Hälfte können wir zwar brillant argumentieren und logische Schlußfolgerungen ziehen; doch wenn wir allein auf sie angewiesen wären, würde es uns ziemlich schwerfallen, beispielsweise den Weg von zu Hause zu unserem Arbeitsplatz zu finden. Auch bei allen motorischen Abläufen, also bei der Koordination unserer Bewegungen, leistet uns die rechte Gehirnhälfte unschätzbare Dienste.

Während die linke Gehirnhälfte «Schritt für Schritt» denkt, also die Dinge nur in zeitlicher oder logischer Abfolge erfassen kann, hat unsere rechte Hemisphäre die Eigenart, sich nicht so sehr auf Details, sondern mehr auf das Ganze zu konzentrieren. Sie arbeitet nicht sukzessiv (nacheinander) wie die linke Hälfte, sondern simultan, das heißt, sie erfaßt mehrere verschiedene Dinge gleichzeitig, sozusagen «mit einem Blick». Das ist eigentlich ganz logisch, wenn man bedenkt, daß die linke Gehirnhälfte in Worten, die rechte dagegen in Bildern denkt: Mit der Sprache können wir die Dinge ja auch nur nacheinander darstellen beziehungsweise erfassen. Haben wir dagegen ein Bild vor uns, so sehen und registrieren wir Hunderte von Detailinformationen auf einmal.

Diese Eigenschaft der rechten Gehirnhälfte ist ein unschätzbarer Vorteil, denn dadurch kann sie auch größere, komplexe Zusammenhänge erfassen und darauf richtig reagieren, während die linke Gehirnhälfte solche Zusammenhänge mühsam Schritt für Schritt in einzelne Faktoren zerlegen muß – und dabei häufig auf den Holzweg gerät.

Beobachtungen an Menschen, bei denen aufgrund eines Tumors oder Schlaganfalls eine der beiden Gehirnhälften geschädigt ist oder operativ entfernt werden mußte, haben Dr. Sperrys Erkenntnisse bestätigt. Menschen, deren linke Hemisphäre nicht mehr intakt ist, verlieren die Sprache; sie sind zwar bei vollem Bewußtsein und verstehen auch vieles, was gesprochen wird, können sich aber selbst nicht mehr in Worten ausdrücken. Ihr Gefühlsleben und ihre Persönlichkeit dagegen, die ihren Sitz in der rechten Gehirnhälfte haben, bleiben intakt.

Menschen, deren rechte Gehirnhälfte geschädigt oder völlig entfernt ist, haben es – oberflächlich betrachtet – leichter, denn ihr Sprachvermögen ist nahezu unvermindert. Fakten und logische Zusammenhänge – die Spezialität der linken Gehirnhälfte – können sie nach wie vor mühelos erfassen und auch artikulieren; doch Bildersprache, Ironie und der Gefühlsgehalt bestimmter Worte gehen ihnen verloren. Diese feinen Nuancen, die in den Bereich der rechten Gehirnhälfte gehören, können sie nicht mehr verstehen und sich ihrer auch nicht mehr bedienen, so daß ihre Ausdrucksweise ein wenig mechanisch wirkt.

Alle Wahrnehmungsprozesse, bei denen es um Bilder geht, sind bei diesen Menschen ebenfalls gestört: Schlaganfallpatienten, bei denen die rechte Gehirnhälfte betroffen ist, können nur noch mit Mühe Gesichter erkennen. Auch mit der räumlichen Orientierung und der Koordination von Bewegungsabläufen haben sie es – zumindest am Anfang – ziemlich schwer; so bereitet es ihnen zum Beispiel Mühe, den Weg zur Toilette zu finden oder ein Hemd richtig anzuziehen.

Dieses Problem läßt sich durch Training bis zu einem gewissen Grad wieder in den Griff bekommen – doch was viel schlimmer ist: Es kommt zu einer gefühlsmäßigen Verarmung, da die rechte Gehirnhälfte ja der Sitz unserer Gefühle ist. Auf viele Ereignisse, die einen Menschen mit intaktem Gehirn aufwühlen, begeistern oder erschüttern würden, reagieren solche Menschen teilnahmslos, ja sogar mit einer gewissen unbekümmerten Fröhlichkeit. Ein entscheidender Teil ihrer Persönlichkeit ist ihnen abhanden gekommen.

Da die beiden Gehirnhälften so völlig verschiedene «Sprachen» sprechen, ist es eigentlich kein Wunder, daß es gelegentlich zu Verständigungsschwierigkeiten kommt. Zwar sind die rechte und die linke Hemisphäre miteinander verbunden, und es findet durch Gehirnströme ein reger Informationsaustausch zwischen ihnen statt; doch komplexe Bilder, Bewegungsabläufe, Geruchswahrnehmungen oder Empfindungen lassen sich eben nicht immer so ohne weiteres in Worte «übersetzen».

Wenn man Sie zum Beispiel bittet, einen komplexen Bewegungsablauf zu beschreiben – beispielsweise eine Tanzfigur oder die Bedienung eines Werkzeugs –, werden Sie unter Umständen Schwierigkeiten haben, das in Worten zu erklären. Sie müssen das Werkzeug vielleicht erst noch einmal in die Hand nehmen, den entsprechenden Arbeitsgang ausführen und sich selbst dabei genau beobachten – erst dann können Sie beschreiben, wie es geht. Das heißt: Sie wissen zwar genau, was zu tun ist, es ist Ihnen in Fleisch und Blut übergegangen; aber Sie können es trotzdem nicht mit Worten beschreiben – denn nur Ihre rechte Gehirnhälfte weiß es, und die denkt eben nicht in Worten, sondern in Bewegungsmustern, sinnlichen Wahrnehmungen und Bildern.

Wie wir bereits gesehen haben, registriert unsere linke Hemisphäre die Vorgänge um uns her mehr rational und verstandesbetont, während die rechte Gehirnhälfte eher emotional reagiert. Auch das kann zu Verwirrungen führen: Häufig kommt es vor, daß unsere linke Gehirnhälfte eine Situation positiv einschätzt, weil unser Verstand sie aufgrund sorgfältiger Analyse eben so sieht (oder sehen möchte). Unsere rechte Hirnhälfte dagegen, die die Dinge nicht logisch interpretiert, sondern auf ganz andere Reize und Signale reagiert, fühlt sich vielleicht geängstigt oder bedroht. Und wir stehen vor einem Rätsel und können nicht begreifen, warum wir trotz aller logischen, überzeugenden Argumente, die unsere linke Gehirnhälfte uns liefert, ein ungutes Gefühl bei der Sache haben. So weiß buchstäblich häufig «die Linke nicht, was die Rechte tut». Viele plötzliche Stimmungsumschwünge und andere Widersprüchlichkeiten in unserem Verhalten sind auf dieses Phänomen zurückzuführen.

Da unsere linke Gehirnhälfte verbal und logisch denkt, unsere rechte dagegen vorwiegend in Sinneseindrücken und Bildern, sind uns die Inhalte unserer linken Hemisphäre viel «bewußter» als die der rechten. Die Vorgänge in der rechten Gehirnhälfte können wir nicht immer ohne weiteres rational erklären, manchmal sind sie uns sogar völlig unbegreiflich – wir empfinden sie als Eingebungen, Ahnungen, Stimmungen, als unser «Unbewußtes». Träume zum Beispiel laufen mit ziemlicher Sicherheit hauptsächlich in der rechten Hälfte unseres Gehirns ab und haben auch alle typischen Merkmale «rechtshirnigen» Denkens: Sie bestehen im wesentlichen aus Bildern, sind emotional, irrational und werden von uns beim Aufwachen häufig als purer Nonsens empfunden.

Auch die meisten Intuitionen haben ihren Ursprung wahrscheinlich in der rechten Gehirnhälfte. Wer hat diese Situation nicht schon einmal erlebt: Man rätselt stunden- oder gar tagelang an irgendeiner Aufgabe oder einem Problem herum, es scheint keine Lösung, keinen Ausweg zu geben – und plötzlich, mit einem Schlag, hat man eine Eingebung. Häufig kommen einem solche Intuitionen praktisch «im Schlaf» – man schläft abends, vom ständigen Hinundhergrübeln zermürbt, ein und wacht am nächsten Morgen mit der fertigen Lösung auf. Das ist ein deutlicher Hinweis auf die Mitwirkung des Unbewußten, das sich in Form von Träumen mit dem Problem auseinandergesetzt und es gelöst hat. Oft erstehen solche Intuitionen auch in Form von Bildern vor unserem geistigen Auge – ein weiterer Beweis dafür, daß sie auf das Konto der rechten Gehirnhälfte zu verbuchen sind.

Doch obwohl die beiden Gehirnhälften so verschieden sind und häufig «aneinander vorbeireden», besteht dennoch eine enge Zusammenarbeit zwischen ihnen. Denn Spezialisierung ist ja schließlich nur dann sinnvoll, wenn die beiden «Spezialisten» sich im Teamwork gegenseitig ergänzen. Unser Gehirn arbeitet nach dem Prinzip der Arbeitsteilung: Bei Aufgaben, für die Sprachvermögen, logisches Denken und Analysieren erforderlich ist – also beispielsweise beim Lösen einer Mathematikaufgabe – übernimmt die linke Gehirnhälfte die Regie. Geht es dagegen um die Verarbeitung von Bildern, um Bewegungsabläufe oder räumliche Orientierung, wird die rechte Gehirnhälfte aktiv. Messungen der elektrischen Spannungen in den einzelnen Gehirnhälften haben das bewiesen. Die begabtesten Menschen sind natürlich diejenigen, bei denen diese Arbeitsteilung besonders gut entwickelt ist.

Aber gerade hier liegt der Haken: Die Arbeitsteilung funktioniert häufig nicht so gut, wie sie eigentlich sollte. Da die linke Gehirnhälfte der Sitz unseres rationalen Bewußtseins ist, verlassen wir uns viel mehr auf sie als auf unsere «stumme» rechte Hemisphäre, deren Eingebungen wir oft sträflich vernachlässigen. Diese Vorherrschaft der linken Gehirnhälfte begann schon vor Jahrtausenden, als der Mensch die Sprache entdeckte: Denn nun begann er, nicht mehr in Bildern, sondern in Worten – in Abstraktionen – zu denken.

Die Entwicklung von Wissenschaft und Technik bis hin zu unserem heutigen High-Tech- und Computerzeitalter hat die Menschheit dann immer weiter in die Richtung des «linkshirnigen» Denkens getrieben: Denn die wissenschaftlichen Erkenntnisse und technologischen Errungenschaften, die unserer heutigen Zivilisation zugrunde liegen, sind in erster Linie der linken, rationalen Gehirnhälfte entsprungen. Und so ergab es sich ganz logisch, daß in einer solchen Zivilisation die Eigenschaften und Fähigkeiten der linken Gehirnhemisphäre auch viel höher geschätzt und stärker ausgebildet wurden als die der rechten. Die Schule ist das beste Beispiel dafür: Dort wird hauptsächlich auf linkshirniges Denken Wert gelegt, die Schüler werden mit Faktenwissen, Formeln und Jahreszahlen förmlich überschüttet. Unsere Hauptfächer – Mathematik und Sprachen – nehmen vor allem die Fähigkeiten der linken Hirnhemisphäre in Anspruch; Bereiche, in denen es auf Kreativität ankommt, haben wir bezeichnenderweise zu Nebenfächern degradiert und handeln sie in kläglichen zwei Schulstunden pro Woche ab.

So wird schon in unserer Kindheit und Jugend der Grundstein zu einer bedauernswerten Vereinseitigung gelegt: Die rechte Gehirnhälfte wird viel weniger gefordert als die linke und verkümmert daher, kann ihre Fähigkeiten nicht richtig entfalten. Kinder denken noch mehr intuitiv, ganzheitlich und in Bildern, das heißt, sie arbeiten vorwiegend mit der rechten Gehirnhälfte – daher rührt die starke Beeindruckbarkeit und lebhafte Phantasie, um die wir Erwachsenen unsere Kinder so häufig beneiden. Doch das wird ihnen während der schulischen Ausbildung gründlich ausgetrieben.

Das hat sehr negative Auswirkungen. Erstens wird die linke Gehirnhälfte durch die einseitige Ausbildung und vorzeitige Überlastung stark strapaziert; Lernunlust und Konzentrationsschwierigkeiten sind die Folge. Sowjetische Wissenschaftler haben festgestellt, daß durch die Übertrainierung der linken Gehirnhälfte ein Ungleichgewicht in der Funktion beider Gehirnhälften entsteht und daß dies eine Ursache von geistigem Streß ist. Zudem werden die Schüler durch das Überangebot an Faktenwissen abgestumpft; kindliche, unbefangene Neugier und Lerneifer gehen auf diese Weise schon in jungen Jahren verloren und können später nur schwer wieder reaktiviert werden.

Zweitens wird dadurch natürlich die Arbeitsteilung zwischen den beiden Gehirnhälften beeinträchtigt: Der Mensch gewöhnt sich schon in jungen Jahren daran, sich hauptsächlich auf seine linke Gehirnhälfte zu verlassen und der rechten nicht viel zuzutrauen. Daher neigt er später dazu, auch für Aufgaben, die eigentlich seine rechte Hirnhemisphäre viel besser bewältigen könnte, die linke einzusetzen: Er denkt rational, wo eigentlich Intuition oder emotionales Feingefühl angebracht wäre; Aufgaben, die Phantasie und Kreativität erfordern, versucht er mit Hilfe logischer Schlußfolgerungen zu lösen und wundert sich dann, wenn er in eine Sackgasse gerät.

Das Geheimnis der Genialität

Alle Genies, Erfinder und großen Geister der Vergangenheit waren Menschen, die sowohl ihre linke als auch ihre rechte Gehirnhälfte optimal zu nutzen verstanden. Sie konnten Rationalität und Intuition, sprachliche Fähigkeiten und Bilderdenken, Bewußtes und Unbewußtes miteinander kombinieren.

Der berühmte griechische Mathematiker und Physiker Archimedes zum Beispiel hat eine Entdeckung gemacht, die ganz eindeutig Züge «rechtshirnigen» Denkens trägt. Sein Schutzherr hatte ihn vor die schwierige Aufgabe gestellt, den Rauminhalt einer Münze zu bestimmen. Die Erleuchtung kam Archimedes nicht etwa durch Nachdenken oder durch komplizierte Berechnungen, sondern in einem Augenblick, in dem er am allerwenigsten damit gerechnet hatte: nämlich als er sich in die Badewanne setzte und den Wasserspiegel ansteigen sah. Was lag näher als die Erkenntnis, daß der Rauminhalt des Wassers, das verdrängt wird, wenn man einen Körper ins Wasser eintaucht, dem Rauminhalt dieses Körpers entspricht? Damit war das Rätsel mit der Münze gelöst.

Diese Entdeckung – die Archimedes den berühmten, noch heute bekannten Ausruf «Heureka» («Ich habe es gefunden!») entlockte – ist typisch für die Arbeitsweise der rechten Gehirnhälfte: Phantasie, bildhaftes und räumliches Denken befähigen diese Hemisphäre dazu, Ähnlichkeiten oder Entsprechungen zwischen Dingen zu entdecken, die auf den ersten Blick gar nichts miteinander zu tun haben. Ihr gelingt der Gedankensprung von der Badewanne zur Münze mit spielerischer Leichtigkeit. So ist der Mensch, der mit der rechten Gehirnhälfte denkt, in der Lage, Erkenntnisse, die er in einer bestimmten Situation gewonnen hat, auf eine andere Situation zu übertragen – eine wichtige Voraussetzung dessen, was wir als «Intelligenz» bezeichnen. In dieser Hinsicht ist unsere rechte Gehirnhälfte der linken eindeutig überlegen.

Auch von einem der genialsten Köpfe unseres Jahrhunderts, Albert Einstein, wissen wir, daß er sich nicht so sehr von dem verbalen, logischen Wissen seiner linken Gehirnhälfte, sondern in erster Linie von den bildlichen Eingebungen seiner rechten Hirnhemisphäre leiten ließ. Worte nahm er erst in einem viel späteren Stadium zu Hilfe, um die durch dieses Bilderdenken gewonnenen Erkenntnisse allgemeinverständlich auszudrücken und damit seinen Mitmenschen zugänglich zu machen. Das heißt, er wies – im Gegensatz zu den meisten anderen Menschen – seiner linken Gehirnhälfte nur eine untergeordnete, dienende Rolle zu: Sie war für die Formulierung der Entdeckungen zuständig, die seine rechte Hirnhälfte gemacht hatte!

Von Napoleon ist uns bekannt, daß er Schlachten im voraus im Sandkasten durchzuspielen pflegte – ihm war klar, wie wichtig es ist, bestimmte Vorgänge räumlich und in konkreten Bildern vor sich zu sehen. Und Mozart berichtete, daß ihm, wenn er entspannt und guter Dinge sei, häufig die besten Ideen kämen, und zwar aus dem Unbewußten: «Woher und wie, das weiß ich nicht, kann auch nichts dazu.» Interessanterweise fielen ihm auf diese Weise gleich ganze Musikstücke auf einmal ein – ein Beweis dafür, daß hier die ganzheitlich denkende rechte Gehirnhälfte völlig die Regie übernommen hatte.

Der geniale Künstler Salvador Dali machte als kleiner Junge bei der Betrachtung einer Pflanze die Entdeckung, daß einige ihrer Blätter in Wirklichkeit Insekten waren, die den Blättern in Farbe und Form aufs Haar glichen. Dieses Phänomen – Mimikry genannt, ein «Trick» der Natur, mit dessen Hilfe manche Insekten sich vor räuberischen Vögeln schützen – faszinierte den Jungen so sehr, daß er einige der Insekten mit nach Hause nahm und seine Eltern und Freunde mit diesen «wandelnden Blättern» verblüffte. Er behauptete einfach, er sei ein Zauberer, der in der Lage sei, die Blätter durch magische Kraft zum Leben zu erwecken.

Damit war der Grundstein zu einem Prinzip gelegt, das Dali als Künstler sein Leben lang begleiten sollte: die Kombination von Gegensätzlichem, von Dingen, die (ebenso wie Blätter und Insekten) eigentlich nichts miteinander zu tun haben – und der daraus resultierende Verblüffungseffekt. So montierte er in einem Titelbild für die Zeitschrift «Vogue» die Porträts von Mao Tse-tung und Marilyn Monroe zu einem bizarren neuen Gesicht zusammen; und eine Frauenbüste aus Porzellan verzierte er höchst eigenwillig mit zwei um den Hals gehängten Maiskolben und einem meterlangen Brot als Kopfschmuck. Bezeichnenderweise nannte er seinen Stil «paranoisch-kritische Methode» – und erhob damit den «Wahnsinn», das skurrile, intuitive, unlogische Denken der rechten Gehirnhälfte zu seinem Prinzip.

Auch das Allroundgenie Leonardo da Vinci – er war Maler, Bildhauer, Architekt, Naturforscher und Techniker zugleich – besaß ein ungeheures bildliches Vorstellungsvermögen. Einmal erhielt er von dem Abt eines Klosters den Auftrag, das Abendmahl zu zeichnen – heute eines der berühmtesten Gemälde, die es gibt. Als er nach einer Woche noch immer keinen Pinselstrich getan hatte, sondern nur vor dem leeren Blatt saß, wollte ihm der entsetzte Abt den Auftrag wieder entziehen. Da malte der Künstler in wenigen Stunden das fertige Bildnis, das er in seiner Phantasie längst vollendet vor sich gesehen hatte.

Der Physiker Nikola Tesla, dem geniale Erfindungen auf dem Gebiet der Elektrotechnik gelungen sind (unter anderem der nach ihm benannte Tesla-Transformator), besaß ein nahezu fotografisches Gedächtnis. Er war in der Lage, selbst Maschinen, die er noch gar nicht erfunden hatte, in allen Details vor sich zu sehen, gewissermaßen auf eine «innere Leinwand» zu projizieren. Diese Fähigkeit ersparte ihm nicht nur sehr viel Zeit (er brauchte niemals Zeichnungen zu machen) – viele seiner Erfindungen wären ohne sie wahrscheinlich gar nicht möglich gewesen. Den Tesla-Transformator zum Beispiel erfand er innerhalb einer Minute während eines Spaziergangs, nachdem er gerade einen Sonnenuntergang bewundert hatte: Er nahm einfach einen Ast und zeichnete den Transformator in den Sand.

Interessant ist in diesem Zusammenhang, daß Teslas Mutter die bildliche Vorstellungskraft ihres Sohnes schon von Kindheit an systematisch geschult hatte. Das ist der beste Beweis dafür, daß man bildhaftes Denken tatsächlich gezielt erlernen kann. Wahrscheinlich gäbe es viel mehr kreative Menschen, Künstler und Erfinder, wenn unsere Schulausbildung sich nicht so sehr auf die Ausbildung der linken Gehirnhälfte kaprizieren würde.

Ihr Gehirn kann mehr als ein Computer!

Auch heute zeichnen sich viele erfolgreiche und kreative Menschen durch eine besonders gut ausgeprägte rechte Gehirnhälfte aus. Viele Spitzensportler spielen alle ihre Bewegungsabläufe im Geiste vorher bis ins einzelne durch und erzielen auf diese Weise bessere Ergebnisse. Russische Sportler stellen sich den Trainingserfolg intensiv vor; dieses Vorausleben trägt wesentlich zu der geplanten Ausführung bei.

Auch ein Architekt, Raumgestalter oder Landschaftsgärtner käme ohne ausgeprägtes bildliches Vorstellungsvermögen nicht aus. Bei diesen Berufen ist es mit rein abstraktem Denken nicht getan; man muß in der Lage sein, sich die Gestaltung eines Gebäudes, Gartens oder Raumes

Das Gehirn

Linke Gehirnhälfte	Verbindungsglied *Corpus Callosum*	**Rechte Gehirnhälfte**
	Informationsaustausch	
Verstand rationales, logisches Denken Sprache Denken in Worten		Phantasie, Gefühl, Intuition, Kreativität Denken in Bildern und sinnlichen Wahrnehmungen
Bewußtsein		Unbewußtes
Lösungsfindung durch Analyse		Lösungsfindung durch Synthese, Analogien, Ganzheitsschau
Blick für das Detail		Blick für das Ganze
Arbeitet sukzessiv, Schritt für Schritt, kann die Dinge nur nacheinander wahrnehmen		Arbeitet simultan, kann mehrere Dinge gleichzeitig wahrnehmen
Abstraktion		Räumliche Wahrnehmung und Orientierung, Koordination von Bewegungsabläufen
Bei Erwachsenen meist bevorzugt		Im Kindesalter bevorzugt
Wird in Schule und Beruf überfordert Einseitigkeit, Streß		Wurde bisher vernachlässigt; muß neu entdeckt und systematisch trainiert werden

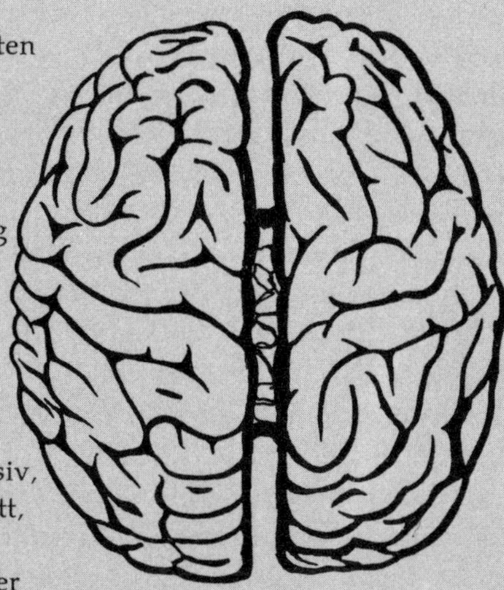

im Geiste genau vorzustellen. Werbeleute koppeln in ihren Bildern intuitiv Dinge, die zum Teil gar nichts miteinander zu tun haben, zum Beispiel Autoreifen und attraktive Frauenbeine – und manipulieren damit unsere rechte Gehirnhälfte, die für Bilder und Eindrücke empfänglich ist. Bildhaft und ganzheitlich denkt auch der Ingenieur, der, statt viele Worte zu machen, schnell eine Zeichnung oder Skizze anfertigt und mit diesem Schaubild und wenigen Worten einen Sachverhalt klarer und nachhaltiger demonstrieren kann als durch Worte. Aber wie gesagt – ob man eine solche gut ausgebildete rechte Gehirnhälfte besitzt und sie sich auch bewahren kann, ist mehr oder weniger Glücksache. In der Schule wird kaum etwas dafür getan.

In der Politik und im Managementbereich zeigen sich die verheerenden Auswirkungen unseres einseitig linkshirnigen Denkens am deutlichsten. In unserer immer komplexer werdenden Welt ist das rein logische, rationale, Schritt für Schritt vorgehende Denken der linken Hirnhemisphäre nicht mehr ausreichend; man muß vielmehr in großen Zusammenhängen, in Systemen denken. Das lineare Denken in Ursache-und-Wirkungs-Ketten ist zu vereinfachend; in Wirklichkeit besteht unsere Welt aus komplexen Ursache-und-Wirkungs-Systemen, in denen unzählige Faktoren miteinander verknüpft sind, die alle berücksichtigt werden müssen.

Das schafft unsere linke Gehirnhälfte aber nicht. An der katastrophalen Situation unserer Umwelt zeigt sich jetzt die Unzulänglichkeit unserer linkshirnigen Denkweise, die nicht das Ganze sieht, sondern sich nur auf einzelne Fortschritte konzentriert und unfähig ist, in einer komplexen Welt, in der alles miteinander zusammenhängt, die richtigen Entscheidungen zu treffen: Am Amazonas werden Regenwälder abgeholzt – erst später zeigt sich, daß die Wirkungen dieses Eingriffs in die Natur keineswegs auf das Amazonasgebiet beschränkt bleiben, sondern unser gesamtes Klima durcheinanderbringen. Jahrelang haben wir nichtsahnend Haar- und Deosprays benutzt – um später zu erfahren, daß dadurch ein weltumfassender, irreparabler Schaden entstanden ist: Die Ozonschicht unserer Atmosphäre ist geschädigt.

Auch im Wirtschaftsleben ist es in zunehmendem Maße erforderlich, komplexe Zusammenhänge zu überschauen, sich in einem Netz aus unzähligen verschiedenen Faktoren und Wechselwirkungen zurechtzufinden. Untersuchungen haben gezeigt, daß viele Manager hier scheitern, weil sie zu rational und detailorientiert – mit einem Wort: zu linkshirnig – denken. Durch Detaildenken verlieren sie den Überblick, verzetteln sich in Einzelheiten, und der Blick für das Wesentliche geht ihnen verloren.

Erfolgreiche Manager müssen sowohl über linkshemisphärische als auch über rechtshemisphärische Fähigkeiten verfügen, das heißt, sie müssen rationales Denken und Intuition miteinander kombinieren können. Die Management-Fähigkeiten der linken Gehirnhälfte – rationale Planung, Zielsetzung und Kontrolle, effiziente, straff organisierte Produktion – müssen durch die Management-Fähigkeiten der rechten Gehirnhälfte – Kreativität, Innovation – ergänzt werden.

Das gilt vor allem für den Bereich der Entscheidungsfindung und Problemlösung. Einfache, überschaubare Probleme lassen sich auch mit der linken Gehirnhälfte lösen – nach dem Muster : «Wenn ich x tue, wird sich daraus die Folge y ergeben.» Nur sind die Probleme, mit denen sich der moderne Manager konfrontiert sieht, selten einfach und überschaubar. Bei der Lösung eines komplizierten Problems oder beim Fällen einer Entscheidung von größerer Tragweite müssen beide Gehirnhälften beteiligt sein: Zunächst einmal muß man die Daten und Informationen zusammentragen, die für die Lösung des Problems relevant sind. Das ist in erster Linie Sache der linken Gehirnhemisphäre, denn es erfordert Logik und einen Blick für das Detail. Als nächstes jedoch müssen all diese Informationen «verdaut» und zu einem zusammenhängenden Ganzen verarbeitet werden; aus dieser Zusammenschau ergibt sich dann schließlich eine Idee, wie man das Problem lösen könnte. Mit dieser Aufgabe ist die linke Gehirnhälfte total überfordert, da man hier viele verschiedene Dinge auf einmal im Zusammenhang sehen muß. Hier ist eine gut funktionierende rechte Gehirnhälfte unentbehrlich. Die dritte Phase – die Auswertung der Idee – ist dann wieder mehr «linkshirnig» orientiert: Die Lösung muß formuliert, rational bewertet und auf ihre Durchführbarkeit hin untersucht werden. Die eigentliche Entscheidungsfindung jedoch – den kreativen «Sprung» von den unzähligen Einzelmosaiksteinen zur Lösung – leistet in der Regel die rechte Gehirnhälfte.

Und es gibt noch einen weiteren wichtigen Faktor unseres Berufslebens, für den die rechte Gehirnhälfte von unschätzbarer Bedeutung ist: unser Gedächtnis. Unser gesamtes Wissen ist in Form von Sprache gespeichert. Aber paradoxerweise ist gerade die Sprache zur Speicherung von Wissen denkbar ungeeignet! Erstens sind Worte abstrakt und daher weniger einprägsam als Bilder. Zweitens können wir, wenn wir ein Bild vor uns sehen, unzählige Detailinformationen mit einem Blick erfassen. Wenn wir dieselben Informationen in Form eines Textes in uns aufnehmen müssen, ist das viel mühseliger und dauert auch wesentlich länger; denn Worte können wir nur nacheinander, Bildelemente dagegen gleichzeitig in uns aufnehmen.

Wenn Sie im Fernsehen die Beschreibung eines Verbrechers hören: «Der Täter ist blond, hat kurzes, aus der Stirn zurückgekämmtes Haar, auffallend schmale, zusammengekniffene Lippen, graugrüne Augen und eine Narbe unter dem linken Auge«, so werden Sie sich das sicherlich weniger leicht einprägen können und schneller wieder vergessen, als wenn Sie ein Foto oder eine Zeichnung des Gesichtes zu sehen bekommen. Der Grund liegt auf der Hand: Wenn Sie die Beschreibung *hören*, müssen Sie sechs verschiedene Detailinformationen *nacheinander* abspeichern; wenn Sie dagegen das Bild *sehen*, speichern Sie alle auffallenden Merkmale des Gesichtes mehr oder weniger *gleichzeitig*. Sie speichern nur *ein* Bild, aber unzählige Wörter.

Das heißt: Um uns eine Information in Form von Bildern einzuprägen, benötigen wir viel weniger Speicherkapazität, als wenn wir sie uns in Form von Worten merken müssen. Kinder beherrschen das Denken in Bildern noch besser als wir. Daher sind Kinder ihren Eltern im Memory-Spiel, bei dem es darum geht, sich Bilder einzuprägen, in der Regel haushoch überlegen.

Der moderne Fremdsprachenunterricht hat sich dieses Phänomen längst zunutze gemacht: Dort werden – zumindest in den ersten Lektionen – die meisten neu zu lernenden Vokabeln durch Bilder veranschaulicht. Das heißt, neben dem englischen Wort «stamp» (Briefmarke) befindet sich im Lehrbuch in der Regel eine kleine Zeichnung einer Briefmarke. Durch dieses Nebeneinander von Wort und Bild können wir uns die Vokabeln besser einprägen.

Auch die Mnemotechnik – die Gedächtniskunst, die uns dabei hilft, uns Lehrstoffe einzuprägen –, arbeitet vorwiegend mit Bildern: Es geht darum, sich die Dinge, die man lernen möchte, möglichst bildhaft und anschaulich vorzustellen.

Wir müssen also danach streben, uns vom rein «linkshirnigen» Denken loszumachen, die latenten oder gar verkümmerten Fähigkeiten unserer rechten Gehirnhälfte neu zu entdecken und zu fördern. Ebenso wie in der Schule unsere linke Gehirnhälfte bis an die Grenzen ihrer Leistungsfähigkeit ausgebildet, ja sogar überfordert wird, ist es auch möglich, die rechte Gehirnhälfte systematisch zu trainieren und zu Hochleistungen zu befähigen. Das ist das Ziel dieses Buches; es ist keine theoretische Anleitung, sondern ein praxisorientierter Kurs, der es Ihnen ermöglichen soll, Ihre Gedächtnisleistung um ein Vielfaches zu verbessern. *Jeder* Mensch kann die Fähigkeit des fotografischen Gedächtnisses durch Training bis zu einem Optimum ausbilden. Und das bereitet nicht einmal Mühe, sondern läßt sich spielerisch in Form amüsanter Übungen erreichen.

Sie werden feststellen, daß Sie mit der Weiterentwicklung Ihrer rechten Gehirnhälfte nicht nur Ihr Gedächtnis verbessern, sondern gleich mehrere Fliegen mit einer Klappe schlagen. Es ist erwiesen, daß ein Gleichgewicht zwischen den Aktivitäten der rechten und der linken Gehirnhälfte zu größerer Zufriedenheit und innerer Ausgeglichenheit führt. Auch Ihre Kreativität und Ihre Fähigkeit, Probleme mittels Intuition zu lösen, wird sich durch dieses Training der rechten Gehirnhälfte automatisch verbessern. Das ist gerade in unserem Computerzeitalter ungeheuer wichtig. Denn der Computer arbeitet im Grunde genommen ähnlich wie unsere linke Gehirnhälfte: streng abstrakt, rational und logisch – aber hundertmal schneller als wir! Heute werden schon viele Arbeiten, die ausschließlich Fähigkeiten unserer linken Gehirnhälfte erfordern, von Computern übernommen. Daher wird es höchste Zeit, daß sich der Mensch auf die ungenutzte Geisteskraft seiner rechten Gehirnhälfte besinnt, um nicht von Maschinen überholt zu werden, die uns früher oder später nicht nur das Arbeiten, sondern auch das linkshirnige Denken abnehmen werden.

Natürlich soll hier keine Lanze für die einseitige Ausprägung der rechten Gehirnhälfte auf Kosten der linken gebrochen werden. Das wäre genauso töricht wie die Überbetonung der linken Hirnhemisphäre, durch die in unserer Schule die Kreativität unserer Kinder systematisch blokkiert wird. Man darf die Verdienste der linken Gehirnhälfte keineswegs unterschätzen. Wenn es sie nicht gäbe, würden wir wahrscheinlich immer noch keulenschwingend durch die Wälder streifen; die meisten Errungenschaften unserer heutigen Zivilisation wären ohne sie nicht möglich gewesen. Unser Endziel sollte also harmonisches Gleichgewicht, eine optimale Zusammenarbeit zwischen den beiden Gehirnhälften sein. Aber da unsere linke Gehirnhälfte nun schon seit Jahrhunderten bis zum Exzeß trainiert wird, ist es durchaus gerechtfertigt, sich zum Ausgleich jetzt einmal eine Zeitlang vornehmlich auf die rechte Gehirnhälfte zu konzentrieren, damit sie den Vorsprung der linken Gehirnhälfte aufholen kann. Wie man das macht, zeigt Ihnen dieses Buch.

Also: Lassen Sie sich ruhig einmal auf das Abenteuer der Erforschung Ihrer rechten Gehirnhälfte ein. Schieben Sie Logik und Verstand für eine Weile in den Hintergrund und lassen Sie Ihre Phantasie schweifen. Sie werden dabei vieles lernen und viele verblüffende Entdeckungen machen. Sie werden spüren, wie Sie allmählich immer ausgeglichener, entspannter und kreativer werden und viele Dinge aus einer gänzlich neuen Perspektive sehen. Denken Sie rechtshirnig – und überlassen Sie das linkshirnige Denken Ihrem Computer!

Trainieren Sie Ihr bildhaftes Vorstellungsvermögen!

Oft staunen wir über das Erinnerungsvermögen von Menschen, die das sogenannte fotografische Gedächtnis besitzen. Wir beneiden diese Menschen sehr. Sie können ein Kunstwerk, eine Situation, eine Landschaft oder das Gesicht eines Menschen oft nach Tagen noch exakt beschreiben.

Die meisten Menschen haben diese Fähigkeit nicht. Sie können ein Bild kaum längere Zeit vor Augen behalten, ohne daß es unscharf wird oder verblaßt. Unter Umständen fällt es ihnen sogar schwer, sich das Gesicht eines sympathischen Menschen nach ein paar Stunden wieder zu vergegenwärtigen.

Das ist aber kein Grund, von vornherein zu resignieren. Als Anlage trägt jeder von uns dieses fotografische Gedächtnis in sich – man muß nur wissen, wie man es ausbaut!

Testen Sie doch einmal, wie es um Ihre visuelle Vorstellungskraft bestellt ist. Können Sie innerlich Farben sehen? Schließen Sie die Augen und sehen Sie eine Kinoleinwand in Rot, Schwarz, Weiß, Gelb, Grün, Blau und wieder Weiß vor sich.

Welche Farben können Sie sich leicht vorstellen, welche fallen Ihnen schwerer? Bei welchen Farben haben Sie am längsten gebraucht?

Sehen Sie einen Maler vor sich, der mit einem großen Pinsel eine Leinwand anstreicht. Diese Vorstellung wird Ihnen beim Vergegenwärtigen der Farben helfen.

Wiederholen Sie diese Übung immer wieder, wenn Sie gerade einmal Zeit haben oder sich entspannen wollen. Sie werden feststellen, daß es Ihnen von Mal zu Mal besser gelingt, sich die Farben vorzustellen.

Und nun schicken Sie Ihre Phantasie auf Reisen. Tagträumen ist erlaubt! Wir beginnen mit möglichst positiven, angenehmen Bildern, da positive Dinge sich erfahrungsgemäß am leichtesten im Gedächtnis behalten lassen. Rufen Sie sich irgendein Bild aus Ihrer Vergangenheit in Erinnerung, das für Sie mit besonders angenehmen Empfindungen verbunden ist: zum Beispiel einen Urlaubstag, eine schöne Landschaft, eine Szene aus Ihrem Lieblingsfilm . . . was Sie möchten. Versuchen Sie dieses Bild so intensiv und farbig wie möglich vor Ihrem inneren Auge zu sehen, versetzen Sie sich förmlich hinein und malen Sie es sich in allen Details aus. Es ist ungeheuer entspannend, inmitten eines hektischen Arbeitstages einmal für ein paar Minuten die Augen zu schließen und solche angenehme Erinnerungen an sich vorbeiziehen zu lassen. Auch vor dem Einschlafen ist diese Übung hervorragend geeignet: Sie beruhigt und läßt Sie mit angenehmen Gedanken einschlafen.

Versuchen Sie, Ihre inneren Bilder von Mal zu Mal detaillierter, klarer vor sich zu sehen. Dieser Blick für das Detail wird Ihnen später dabei helfen, Dinge besser im Gedächtnis zu behalten. Außerdem wird Ihre Phantasie und Ihre Beobachtungsgabe dadurch geschult.

Nun, da Sie diese Vorübungen hinter sich gebracht haben, können Sie mit gezielten Konzentrationsübungen beginnen. Schauen Sie sich irgend etwas an – ein Blumenarrangement, eine Schaufensterauslage, einen Teller mit einem besonders kunstvoll zubereiteten, verlockenden Gericht. Auch hier ist es wieder wichtig, ein positives Bild zu wählen. Saugen Sie dieses Bild förmlich in sich auf. Und jetzt schließen Sie die Augen und versuchen Sie es in allen Details auf Ihrer «inneren Leinwand» erstehen zu lassen.

Haben Sie es geschafft? Dann öffnen Sie die Augen wieder und vergleichen Sie Ihr inneres Bild mit dem «Original». Haben Sie viele Details übersehen? Wenn ja, dann prägen Sie sich diese Details besonders gründlich ein, schließen Sie die Augen wieder und wiederholen Sie die Übung noch einmal. Sie werden feststellen, daß Ihnen von Mal zu Mal mehr Einzelheiten im Gedächtnis haftenbleiben. Es ist wirklich kein Kunststück, sondern nur eine Frage der Übung.

Für solche Übungen brauchen Sie nicht extra Zeit einzuplanen; der Alltag bietet Ihnen tausend Gelegenheiten dazu. Wenn Sie im Bus oder in der Straßenbahn sitzen, konzentrieren Sie sich auf irgendein Gesicht, das Sie besonders anspricht oder interessiert. Studieren Sie es genau. Dann schließen Sie die Augen oder sehen Sie aus dem Fenster und versuchen Sie dieses Gesicht vor Ihrem inneren Auge erstehen zu lassen. Anschließend werfen Sie wieder einen Blick auf das Gesicht (nicht zu auffällig natürlich) und prüfen Sie, welche Details Ihnen entgangen sind.

Wenn Sie in der Kaffeepause an Ihrem Schreibtisch sitzen, betrachten Sie Ihren Arbeitsplatz und prägen Sie ihn sich in allen Einzelheiten genau ein. Dann schließen Sie die Augen und stellen Sie ihn sich vor. Was liegt alles auf dem Schreibtisch? Was hängt an der Wand? Wie sehen die Blumen auf dem Fensterbrett aus? Wenn Sie Ihren Schreibtisch deutlich vor Ihrem geistigen Auge gesehen haben, öffnen Sie die Augen wieder und überprüfen Sie, ob Sie auch nichts vergessen haben. Sollten Ihnen einige Einzelheiten entgangen sein, wiederholen Sie die Übung und fügen Sie diese Details in Ihr Bild ein.

Sie werden staunen, was für Fortschritte Sie von Tag zu Tag machen. Sie werden feststellen, daß Sie die Welt mit ganz anderen Augen sehen, daß Ihnen plötzlich Dinge auffallen, auf die Sie früher nie geachtet hätten: eine ganz bestimmte Geste Ihres Chefs, wenn er ungeduldig ist; oder irgendeine mimische Eigenart Ihres wichtigsten Kunden, auf die zu achten sich lohnt. Denn natürlich verbessert sich mit der Beobachtungsgabe automatisch auch Ihre Menschenkenntnis – die Fähigkeit, auf kleinste Regungen im Gesicht Ihres Gegenübers zu achten und zu reagieren.

2.

Die Kunst der Assoziation

Das Lernen ist in unserem Informationszeitalter eine der wichtigsten Voraussetzungen für den Erfolg. Täglich stürmt eine Fülle neuer Informationen auf uns ein, die wir eigentlich im Kopf behalten müßten – und häufig merken wir uns nur einen Bruchteil dessen, was wir wissen sollten, und sind dann verärgert über unser «schlechtes Gedächtnis».

Die meisten Menschen wissen nur sehr wenig über die Vorgänge in diesem «Gedächtnis», dem sie so gern den Schwarzen Peter zuschieben. Was läuft eigentlich in unserem Gehirn ab, wenn wir uns etwas merken – mit anderen Worten: wenn wir eine neue Information in uns aufnehmen? Wie lernen wir?

Lernen – was ist das eigentlich?

Alle Informationen, die wir in unserem Gedächtnis gespeichert haben, sind durch unzählige Querverbindungen miteinander verknüpft. Machen Sie einmal die Probe aufs Exempel! Rufen Sie sich den Inhalt des Kapitels über die beiden Gehirnhälften wieder ins Gedächtnis zurück. Denken Sie «linke Gehirnhälfte» – und sofort werden Ihnen die Begriffe «Sprache», «Vernunft», «logisches Denken», vielleicht auch noch «Abstraktion» und «Rationalität» in den Sinn kommen. Und nun denken Sie «rechte Gehirnhälfte». Wetten, daß Ihnen bei diesem Wort automatisch Begriffe wie «bildhaftes Denken», «Intuition», «Phantasie» einfallen?

Sie haben also den Begriff «linke Gehirnhälfte» in Ihrem Gedächtnis mit «Sprache», «Vernunft» und «logischem Denken» verknüpft, «rechte Gehirnhälfte» dagegen mit «bildhaftem Denken», «Intuition» usw. Wenn Sie an einen dieser Begriffe denken, fallen Ihnen die anderen automatisch dazu ein. Unser gesamtes Wissen ist nach diesem Prinzip der Verknüpfung, der *Assoziation,* gespeichert.

Was geschieht nun, wenn Sie etwas Neues hinzulernen?

Die neue Information wird keineswegs isoliert abgespeichert – das wäre für Ihr Gedächtnis viel zu schwierig und ergibt in der Regel ja auch gar keinen Sinn –, sondern mit einer bereits bekannten Information verknüpft.

Nehmen wir einmal an, Ihr Nachbar hat einen indischen Geschäftsfreund, von dem er Ihnen schon öfters erzählt hat. Eines Tages besucht ihn dieser Freund, und bei dieser Gelegenheit lernen Sie ihn kennen und plaudern eine Weile mit ihm. Wenn Ihr Nachbar diesen Geschäftsfreund nun das nächste Mal erwähnt, werden Sie dabei automatisch das Gesicht des Mannes vor sich sehen; vielleicht wird Ihnen auch noch sein Name einfallen. Das heißt, Sie haben an eine bekannte Information («Mein Nachbar hat einen indischen Geschäftsfreund») neue Informationen (Gesicht und Namen des Mannes) angeknüpft. Diese beiden Informationen sind nun – zumindest für eine Zeitlang – untrennbar miteinander verbunden; wenn Sie an die eine denken, kommt Ihnen unwillkürlich gleich auch die andere in den Sinn.

So ordnet unser Gedächtnis alle Informationen in bestimmte «Schubladen» ein und verknüpft sie mit dem bereits vorhandenen «Schubladeninhalt». Wenn Sie in der Zeitung etwas über die sowjetische Außenpolitik lesen, verknüpfen Sie diese neue Information automatisch mit Ihrem bisherigen Wissen über die Sowjetunion. Wenn in den Nachrichten über einen neuen Lebensmittelskandal berichtet wird, fallen Ihnen sofort alle früheren Lebensmittelskandale ein, an die Sie sich noch erinnern. Warum? Weil diese Informationen sinngemäß zusammengehören und daher in Ihrem Gehirn miteinander verknüpft sind.

Aber, werden Sie fragen, wenn unser Wissensspeicher so perfekt funktioniert, wenn alles Neue, Unbekannte sinnvoll mit Bekanntem verknüpft wird, warum vergessen wir dann trotzdem so viele Dinge?

Die Antwort lautet natürlich, daß zu viele Informationen täglich auf uns einstürmen. Selbst wenn wir sie alle mit irgend etwas bereits Bekanntem assoziieren, können wir unmöglich sämtliche Assoziationen, die auf diese Weise gebildet werden, im Gedächtnis behalten. Unser Gehirn speichert nicht alles; es muß eine Auslese treffen.

Von entscheidender Wichtigkeit für jeden, der sein Gedächtnis verbessern möchte, ist nun natürlich die Frage, nach welchen Kriterien das Gehirn bei dieser Auslese vorgeht. Warum merken wir uns manche Dinge schwer, andere mühelos? Und wie können wir die Auslesetätigkeit unseres Gehirns in die gewünschte Richtung steuern?

Diese Frage können Sie sich eigentlich selbst beantworten. Überlegen Sie doch einmal, welche Dinge Sie besonders leicht im Gedächtnis behalten und welche Ihnen Mühe bereiten.

Wenn Sie Blumenliebhaber sind und in einer Zeitschrift etwas über eine neu entdeckte, Ihnen bisher unbekannte Zimmerpflanze lesen, wird es Ihnen sicherlich leichter fallen, diese Informationen im Gedächtnis zu behalten, als irgendeinen anderen Artikel, den Sie langweilig finden. Das heißt, wir merken uns am leichtesten Dinge, die uns besonders wichtig sind oder am Herzen liegen – beispielsweise Themen, für die wir uns interessieren, die unser Hobby oder irgendeinen uns nahestehenden Menschen betreffen. Auch Dinge, die wir besonders schön und beeindrukkend finden, prägen wir uns im allgemeinen leicht ein, ohne daß es dazu einer besonderen Anstrengung bedarf. Daher kommt es, daß Sie sich sicherlich noch genau an die schönsten Ereignisse Ihres letzten Urlaubs erinnern, während Sie die Spanischvokabeln, die Sie für Ihre nächste Geschäftsreise brauchen, trotz ständigen Wiederholens dauernd wieder vergessen.

Und es gibt noch eine dritte Art von Informationen, die unser Gehirn «aufhorchen» lassen: Dinge, die seltsam, lustig oder ungewohnt sind, die durch ihre Außergewöhnlichkeit hervorstechen. Wenn Sie aus dem Fenster Ihres Arbeitszimmers schauen und unten einen Mann auf den Händen die Straße entlangspazieren sehen, werden Sie das am Abend sicherlich noch wissen, während Sie hundert andere Dinge – die zu merken für Sie vielleicht viel wichtiger wäre – längst wieder vergessen haben.

Eine weitere, schon in dem Kapitel über die beiden Gehirnhälften erwähnte Grundregel lautet, daß wir uns Konkretes leichter merken als Abstraktes, Bilder leichter als Worte. Diese Erfahrung haben Sie selbst schon unzählige Male gemacht: Sicherlich passiert es Ihnen häufig, daß Sie auf der Straße einem Menschen begegnen, dessen Gesicht Ihnen bekannt vorkommt; aber Sie können sich beim besten Willen nicht mehr an seinen Namen erinnern. Der umgekehrte Fall dagegen – daß Ihnen der Name eines Menschen im Gedächtnis haftenbleibt, während Sie sein Gesicht vergessen – tritt nur sehr selten ein.

Setzen Sie Ihre rechte Gehirnhälfte ein!

Was nützt uns dieses Wissen? Ob uns ein Lernstoff interessiert oder nicht, können wir schließlich nur in begrenztem Maß beeinflussen. Wir können uns nicht befehlen, etwas interessant oder beeindruckend zu finden. Und häufig sind es eben leider gerade abstrakte, langweilige Dinge, die wir uns merken müssen – Vokabeln zum Beispiel, Grammatikregeln, Statistiken, Verkaufszahlen, Termine, Gesetzesparagraphen usw. Diese Dinge sind weder bildhaft, noch tun sie sich durch besondere Außergewöhnlichkeit hervor. Sie sind also keinesweges «gehirngerecht» und folglich schwer zu merken, da nützt selbst das beste Gedächtnistraining nichts, werden Sie jetzt wahrscheinlich denken.

Aber Sie irren sich. Man kann selbst abstrakte, langweilige Dinge in eine farbige Bildsprache «übersetzen» und ihnen den Anstrich des Außergewöhnlichen geben. Man braucht nur ein bißchen Phantasie dazu.

Wie man das macht?

Kein Problem. Nehmen wir an, Sie müssen nach der Arbeit in den Supermarkt gehen, um Käse und Zahnpasta zu besorgen, und wollen wegen dieser lächerlichen zwei Posten nicht extra eine Einkaufsliste schreiben. Wie merken Sie sich Zahnpasta und Käse?

Nun, ganz einfach. Zunächst sehen Sie beides – eine Zahnpastatube und einen leckeren Schweizer Käse mit großen Löchern drin – bildhaft vor sich. Die visuelle Vorstellung ist schon der erste Schritt zum Einprägen. Und nun strengen Sie Ihre rechte Gehirnhälfte an und denken Sie sich eine möglichst ausgefallene oder lustige Verknüpfung zwischen Zahnpasta und Käse aus. Sie könnten sich zum Beispiel vorstellen, daß aus den Löchern des Käses Zahnpasta herausspritzt. Oder daß Sie sich mit dem Käse die Zähne putzen! Welche Assoziation Sie bilden, ist eigentlich egal. Hauptsache, sie ist außergewöhnlich, skurril oder lustig.

Und nun schließen Sie die Augen und stellen Sie sich diese Assoziation bildhaft vor. Sehen Sie sich im Spiegel, wie Sie mit dem Käse Ihre Zähne putzen. Vergegenwärtigen Sie sich dabei ruhig auch den Geschmack des Käses; das wird Ihnen helfen, sich das Bild noch besser einzuprägen.

Wenn Sie nun heute abend im Supermarkt an der Käsetheke vorbeigehen, wird es in Ihrem Gedächtnis «klick» machen, und vor Ihrem geistigen Auge wird schlagartig das Bild erscheinen, wie Sie sich mit einem Stück Schweizer Käse die Zähne putzen. «Stimmt ja, das war es», wird es Ihnen einfallen, «Zahnpasta und Schweizer Käse wollte ich kaufen.»

Als nächstes möchten Sie sich die Begriffe «Hering» und «Limonade» einprägen (stellen Sie sich vor, Sie müßten Salzheringe und eine Dose Limonade einkaufen). Wie könnte man diese beiden Dinge in eine möglichst lustige Verbindung zueinander bringen?

Sie könnten sich ausmalen, daß in Ihrem Limonadenglas ein Hering herumschwimmt. Hören Sie ihn fröhlich darin plätschern, setzen Sie im Geiste das Glas an den Mund: Die Limonade schmeckt salzig!

Hiermit haben Sie schon ein weiteres wichtiges Gesetz der Gedächtniskunst gelernt: Sie sollten sich Ihre Assoziation nicht nur bildlich vorstellen, sondern möglichst viele Sinnesorgane – Geruch, Geschmack, Gehör – daran beteiligen. Dadurch prägen sich die Bilder nachhaltiger ein. Haben Sie den Hering im Limonadenglas deutlich vor sich gesehen, das Plätschern gehört und den salzigen Geschmack auf der Zunge gespürt?

Gut. Dann können wir weitermachen. «Blumen» und «Toast». Was für eine originelle Verbindung fällt Ihnen dazu ein? Vielleicht wollte Ihre Frau Ihnen eine Freude machen und hat Ihren Frühstückstoast mit einem Sträußchen bunter Blumen belegt. Welch herrlicher Duft!

Das ist natürlich nur ein Vorschlag. Sie können sich ruhig auch eine andere lustige Assoziation dazu ausdenken. Aber überlegen Sie nicht krampfhaft. Nehmen Sie das erste Bild, das Ihnen ganz spontan einfällt – das ist das beste für Sie, denn es entspricht Ihrem individuellen Vorstellungsvermögen am meisten.

Wenn Sie das Toastbrot mit dem Blumensträußchen – oder Ihr eigenes Assoziationsbild – deutlich vor Augen gesehen und den Duft der Blumen in die Nase eingesogen haben, dürfen Sie zur nächsten Aufgabe übergehen. Aber erst dann!

Was fällt Ihnen zu «Krokodil» und «Briefträger» ein?

Das ist nicht schwer. Wie wäre es, wenn Sie ein Krokodil in Ihrem Garten halten, und es beißt den Briefträger ins Bein? Der Briefträger läßt sich aber nicht einschüchtern, sondern beißt zurück. Im Eifer des Gefechts verliert er alle seine Briefe und beginnt laut zu schimpfen. Das Krokodil lächelt hämisch und schnappt sich die Briefe.

Das ist übrigens ein sehr hilfreicher Trick: Lassen Sie die Dinge oder Lebewesen, die Sie sich einprägen möchten, lebendig werden, in Aktion treten, miteinander streiten oder tanzen. Stellen Sie sich ruhig eine lustige kleine Szene vor. Je bewegter und handlungsreicher Ihr Bild ist, um so besser können Sie es sich einprägen.

Sehen Sie diese Szene bildhaft vor sich. Dann löschen Sie das blutrünstige Krokodil aus Ihrer Vorstellung und konzentrieren Sie sich auf das nächste Begriffspaar: «Schlange» und «Armbanduhr».

Was kann man sich zu diesen beiden Begriffen vorstellen? Das ist für Sie nun sicherlich schon fast ein Kinderspiel. Stellen Sie sich doch einfach vor, daß Sie statt einer Armbanduhr eine Schlange ums Handgelenk tragen. Jedesmal, wenn Sie auf die Uhr schauen wollen, zischt die Schlange Sie wütend an.

Das ist das sogenannte «Ersatzprinzip», eine weitere Methode, auf die Gedächtniskünstler gern zurückgreifen: Die Schlange tritt an die Stelle der Armbanduhr, *ersetzt* sie also gewissermaßen. Auf diese Weise lassen sich viele lustige Assoziationen bilden.

Aber was nützt es mir eigentlich, werden Sie nun fragen, wenn ich Begriffe wie «Toastbrot» und «Blumenstrauß» oder «Briefträger» und «Krokodil» miteinander verknüpfen und auf diese Weise im Kopf behalten kann? Solche Dinge brauche ich mir doch nie im Leben zu merken.

Natürlich nicht. Das waren ja auch nur ein paar einfache Vorübungen, an denen Sie Ihren Einfallsreichtum erproben und Ihre Fähigkeit trainieren sollten, ausgefallene Assoziationsbilder zu finden.

Bitte haben Sie Verständnis dafür, daß die Gedächtnis-Grundübungen sehr einfach und banal sein müssen. Verlieren Sie nicht die Geduld, auch wenn Sie nach einiger Übung denken werden, Sie hätten jetzt schon längst begriffen, wie es geht. Vielleicht motiviert es Sie, wenn ich Ihnen verrate, daß selbst erfahrene Gedächtnispraktiker immer wieder auf diese Grundübungen zurückgreifen und dabei ständig neue Verknüpfungstricks entdecken, die sich dann auf Lernbereiche in den verschiedensten Gebieten anwenden und übertragen lassen. Glauben Sie nicht, daß Sie die Technik der Verknüpfung nach dem Grundtraining schon in ihrer ganzen Vielfalt erfaßt haben!

Aber selbstverständlich können Sie sich auch mit dieser einfachen Methode bereits Dinge merken, die für Sie im Arbeitsalltag sehr wohl von Nutzen sind. Das ist unser nächster Schritt.

Nehmen wir an, Sie müssen morgen früh, ehe Sie mit der Arbeit beginnen, zuallererst ein Alpenveilchen für Ihre Kollegin kaufen (sie hat Geburtstag) und dem Abteilungsleiter einen Vertrag zur Unterschrift vorlegen.

Natürlich könnten Sie sich das am Vorabend auf einen Zettel schreiben, damit Sie es nicht vergessen. Aber Sie wissen ja, wie es mit Zetteln häufig geht: Vielleicht vergessen Sie ihn zu Hause; oder Sie denken daran, ihn mit ins Büro zu nehmen, aber er taucht dann aus unverfindlichen Gründen nicht mehr aus der Versenkung Ihrer Aktentasche auf.

Also betreiben Sie lieber ein bißchen Gedächtnisakrobatik. Stellen Sie sich vor, daß der Inhalt des Vertrages, den der Abteilungsleiter unterzeichnen soll, nicht auf langweiligem weißem Papier, sondern auf den Blütenblättern eines Alpenveilchens steht. Und natürlich unterschreibt Ihr Chef dann auch auf einem Alpenveilchenblütenblatt.

Welches Gedächtnistrainingsprinzip haben Sie jetzt angewandt?

Ja, richtig. Das Ersatzprinzip. An die Stelle des Vertrages ist ein Alpenveilchen getreten; es ersetzt den Vertrag. Und vergessen Sie nicht, sich die Farben Ihres Bildes intensiv vorzustellen: die leuchtend roten Alpenveilchenblüten, die grünen Blätter, die schwarzen Buchstaben . . .

Wetten, daß Ihnen dieses Bild, wenn Sie am nächsten Morgen auf dem Weg zur Arbeit an der Gärtnerei vorbeikommen, wieder einfallen wird? Und Sie werden wissen, was Sie als allererstes zu tun haben: Blumen kaufen – Vertrag unterschreiben lassen.

Als nächstes möchten Sie sich merken, daß Sie Ihrer Sekretärin dringend den Auftrag geben müssen, Klarsichtfolien zu bestellen.

Das ist wirklich kinderleicht: Stellen Sie sich Ihre Sekretärin in einer riesigen Klarsichtfolie steckend vor. Halten Sie sich dieses Bild einige Sekunden lang eindringlich vor Augen; und Sie können sicher sein, daß es Ihnen, wenn Sie Ihre Sekretärin das nächste Mal sehen, unwillkürlich wieder einfallen wird.

Gleichzeitig haben Sie damit ein weiteres wichtiges Gedächtnistrainingsprinzip gelernt: das Prinzip der Übertreibung. Stellen Sie sich einen der beiden Gegenstände, die Sie sich merken müssen, in überdimensionaler Größe vor – dann entsteht fast automatisch ein skurriles, sehr einprägsames Bild.

Die nächste Aufgabe: Sie dürfen auf keinen Fall vergessen, für die morgen in Ihrem Zimmer stattfindende kleine Feier noch Gurken und Oliven zu besorgen, mit denen Ihre Sekretärin dann kleine Appetithäppchen zubereiten soll.

Spüren Sie, wie Ihre rechte Gehirnhälfte jetzt schon fast automatisch zu arbeiten beginnt, wie Ihnen unwillkürlich lustige, ungewöhnliche Bilder in den Sinn kommen?

Zum Beispiel: In Ihrem Zimmer hüpfen plötzlich tausend saure Gurken und Oliven umher; sie haben Beine bekommen. Auf den Oliven-Gesichtern liegt ein breites, fröhliches Grinsen; und auch die Gurken haben ihr Gesicht zu einem säuerlichen Lächeln verzogen und beginnen mit den Oliven zu tanzen.

Wenn Sie dieses Bild deutlich vor sich sehen können, haben Sie bereits beachtliche Fortschritte gemacht, denn hier handelt es sich um eine richtige, äußerst bewegte kleine Szene.

Und Sie haben ganz nebenbei auch wieder etwas gelernt: Durch zahlenmäßige Übertreibung (in diesem Fall: tausend Gurken und Oliven) können Sie sich Ihr Bild viel leichter merken.

Immer wenn Sie für ein paar Sekunden abschalten und den Blick durch Ihr Zimmer schweifen lassen, sollten Sie die hüpfenden, tanzenden Gurken und Oliven darin sehen. Dann werden Sie den Einkauf für Ihre Feier ganz bestimmt nicht vergessen.

Bei unserem letzten Beispiel sollten Sie wieder versuchen, das Prinzip der Übertreibung anzuwenden – und zwar übertreiben Sie diesmal mit der Geschwindigkeit. Die beiden Dinge, die Sie sich einprägen müssen, sollen sich in rasendem Tempo bewegen.

Sie möchten sich merken, daß Sie Ihrem Chef am nächsten Tag einen Aktenordner zurückgeben müssen.

Nichts leichter als das. Stellen Sie sich den Aktenordner und Ihren Chef in einer wilden Verfolgungsjagd vor. Ihr Chef flüchtet vor dem Ordner, aber er hat keine Chance: Der Ordner ist schneller, und als er Ihren Chef erwischt hat, schnappt er mit seinen beiden Aktendeckeln nach ihm.

Haben Sie schon Fortschritte gemacht?

Was haben Sie mit dieser Übung erreicht?

Sie haben gelernt, sich zwei zusammengehörige Begriffe einzuprägen, indem Sie irgendeine groteske oder lustige Assoziation zwischen Ihnen herstellen und diese Assoziation bildhaft vor sich sehen. Und Sie haben erfahren, wie Sie diese Methode in Ihrem täglichen Berufs- oder Privatleben als Gedächtnisstütze einsetzen können.

Damit sind Sie schon einen ganzen Schritt weiter. Wetten, daß Sie die neun Begriffspaare der Übung noch im Kopf haben?

Testen Sie Ihr Gedächtnis!

Unten sind die ersten Begriffe der neun Assoziationspaare abgedruckt. Schreiben Sie in die Zeile daneben jeweils den dazugehörigen Begriff.

Um zu verhindern, daß Sie sich die Paare einfach der Reihe nach einprägen – das ist nämlich nicht der Sinn unserer Gedächtnisübung! –, haben wir die Reihenfolge ein wenig geändert.

Blumenstrauß ________________________ ☐

Käse ________________________ ☐

Sekretärin ________________________ ☐

Hering ________________________ ☐

Krokodil ________________________ ☐

Alpenveilchen ________________________ ☐

Gurken ________________________ ☐

Schlange ________________________ ☐

Chef ________________________ ☐

Wenn Sie mit dem Test fertig sind – aber erst dann! – blättern Sie um. Auf der nächsten Seite steht nämlich die Lösung. Dort können Sie nachprüfen, ob Sie die Begriffspaare richtig ergänzt haben.

Blumenstrauß	–	**Toast**	☐
Käse	–	**Zahnpasta**	☐
Sekretärin	–	**Klarsichtfolie**	☐
Hering	–	**Limonade**	☐
Krokodil	–	**Briefträger**	☐
Alpenveil-chen	–	**Vertrag**	☐
Gurken	–	**Oliven**	☐
Schlange	–	**Armbanduhr**	☐
Chef	–	**Aktenordner**	☐

So viele Punkte haben Sie: ☐

Wenn Sie sich weniger als sechs Begriffspaare richtig eingeprägt hatten, dann haben Sie die Assoziationsbilder nicht intensiv oder nicht lange genug vor Ihrem geistigen Auge gesehen. In diesem Fall sollten Sie die Übung noch einmal wiederholen und versuchen, sich noch stärker auf die Bilder zu konzentrieren. Anschließend machen Sie den Test noch einmal – Sie werden sehen, daß es jetzt schon viel besser geht.

Wenn Sie sechs bis neun Richtige verzeichnen konnten – herzlichen Glückwunsch! Dann haben Sie jetzt grünes Licht für unsere nächste Gedächtnisübung.

Nun ist Ihr bildhaftes Vorstellungsvermögen schon so weit trainiert, daß Sie in der Lage sind, selbständig lustige Assoziationen zu bilden. Meine Verknüpfungsvorschläge brauchen Sie jetzt gar nicht mehr.

Allmählich werden Sie feststellen, daß Ihnen die Assoziationen immer rascher und spontaner einfallen, daß Ihre Bilder immer origineller und bewegter werden. Und Sie trainieren mit diesen Übungen nicht nur Ihr Gedächtnis, sondern schlagen gleich mehrere Fliegen mit einer Klappe: Sie werden dadurch eine ungeahnte Kreativität entwickeln, Ihr Denken wird flexibler, und Sie lösen sich aus alten, eingefahrenen Denkstrukturen, in denen Sie bisher gefangen waren, ohne es zu wissen. Das ist gerade für Manager von unschätzbarer Wichtigkeit; denn flexibel denkende Menschen sind automatisch erfolgreicher, es gelingt ihnen leichter, Lösungen zu finden.

Also: Werden Sie ein Künstler, Maler, Zeichner, Werbegraphiker, Science-Fiction-Autor, Filmemacher – erlernen Sie die Kunst, Vorstellungsbilder kreativ zu gestalten und zu steuern. Auf der rechten Seite habe ich noch einmal kurz zusammengefaßt, was man dabei beachten muß.

Wie bildet man Assoziationen?

1. Versuchen Sie möglichst originelle, groteske oder lustige Assoziationen zu finden. Je außergewöhnlicher, um so einprägsamer.

2. Schließen Sie die Augen und sehen Sie Ihr Bild möglichst deutlich und plastisch in allen Einzelheiten vor sich.

3. Denken Sie nicht lange nach, sondern entscheiden Sie sich für die erste Assoziation, die Ihnen in den Sinn kommt. Spontaneität ist gefragt!

4. Sehen Sie Ihr Bild nicht nur vor sich, sondern beziehen Sie nach Möglichkeit auch noch andere Sinnesorgane mit ein: Hören, riechen, ertasten oder schmecken Sie es!

5. Stellen Sie sich ein möglichst bewegtes, lebendiges Bild vor – das prägt sich besser ein. Lassen Sie die Partner Ihrer Assoziationspaare miteinander streiten, tanzen oder um die Wette rennen. Mit ein wenig Übung wird es Ihnen gelingen, richtige kleine Szenen zu erfinden.

6. Bilden Sie Ihre Assoziationspaare nach dem Ersatzprinzip: Ein Gegenstand übernimmt die Rolle eines anderen (der Käse tritt an die Stelle der Zahnpasta, die Schlange an die Stelle der Armbanduhr, usw.).

7. Übertreiben Sie bei Ihren Phantasiebildern in Größe, Anzahl oder Geschwindigkeit. Sehen Sie einen Gegenstand gleich zehnfach oder in überdimensionaler Größe vor sich oder lassen Sie ihn sich in affenartigem Tempo bewegen – dadurch werden die Bilder einprägsamer.

8. Und vor allem: Setzen Sie sich innerlich nicht unter Druck, lassen Sie diese Übung ja nicht zum Streß werden. Streß blockiert unser Gedächtnis. Je entspannter und ungezwungener Sie an die Sache herangehen, um so besser werden die Ideen fließen.

Rechenaufgaben für Ihre Phantasie

Schreiben Sie Ihre Assoziationen in die Zeilen neben den Zeichnungen!

Jetzt haben Sie sicher schon Routine im Herstellen von Verknüpfungen und brauchen meine Assoziationsvorschläge gar nicht mehr.

Auf den nächsten Seiten sehen Sie fünfzehn gezeichnete Begriffspaare. In die leeren Felder neben den Paaren sollen Sie Ihre Assoziationen schreiben – oder auch zeichnen, ganz wie Sie möchten.

Wenn Sie damit fertig sind, gehen Sie die Begriffspaare noch einmal durch und sehen Sie jedes Assoziationsbild deutlich vor sich.

Uhr + **Pinsel** = ______ ?

Pfeife + **Papier** = ______ ?

Katze + **Weinglas** = ______ ?

Schlüssel + Garderobenständer = ______ ?

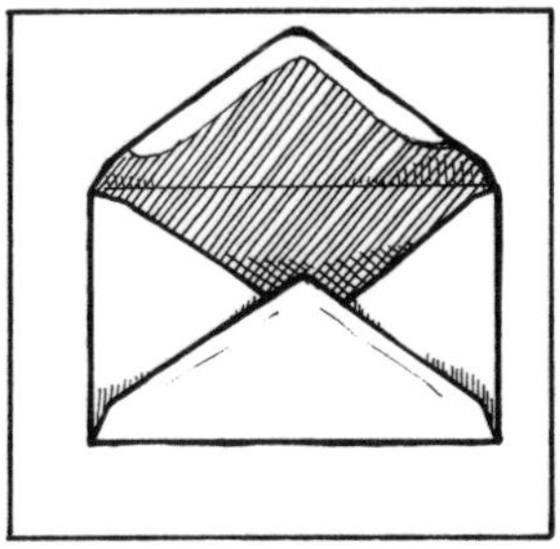 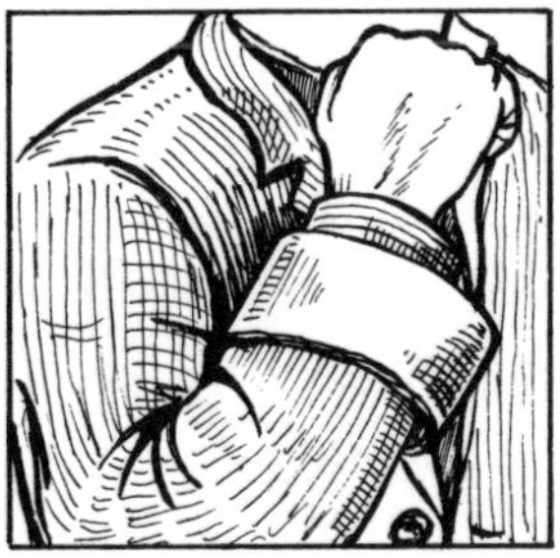

Briefkuvert + Ärmelaufschlag = ______ ?

Pilot + Jeep = ______ ?

Telefon + Restaurant = ______ ?

Auto + Koffer = ________ ? ________

 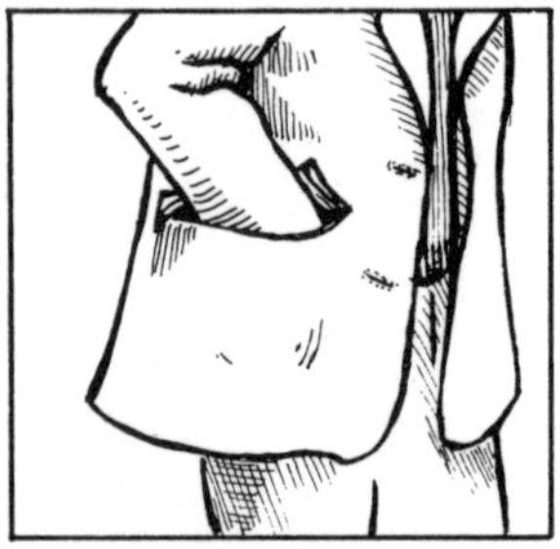

Bleistift + Manteltasche = ________ ? ________

Notizblock + Briefmarke = ________ ? ________

Papierkorb + Regenschirm = ________ ? ________

Krawatte + Visitenkarte = ________?________

Taucher + Luftballon = ________?________

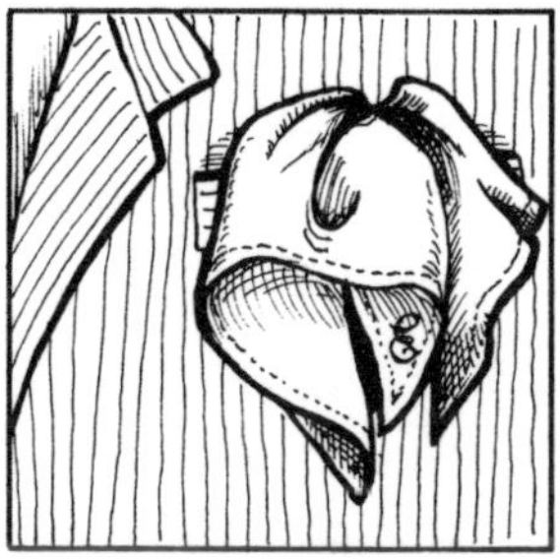

Taschentuch + Tür = ________?________

Nagel + Tisch = ________?________

Sicher ist es Ihnen gar nicht schwergefallen, auch ohne meine Hilfe originelle Assoziationen zu finden.

Haben Sie auch wirklich bei jedem Assoziationspaar die Augen geschlossen und Ihr geistiges Bild intensiv und in allen Einzelheiten vor sich gesehen? Dann ist es Ihnen mit Sicherheit gelungen, sich die meisten – oder sogar alle – Paare einzuprägen. Machen Sie doch einmal die Probe:

Testen Sie Ihr Gedächtnis!

Pfeife	______________	☐
Pilot	______________	☐
Telefon	______________	☐
Uhr	______________	☐
Taschentuch	______________	☐
Schlüssel	______________	☐
Nagel	______________	☐
Notizblock	______________	☐
Katze	______________	☐
Taucher	______________	☐
Auto	______________	☐
Papierkorb	______________	☐
Briefkuvert	______________	☐
Bleistift	______________	☐
Krawatte	______________	☐

Und nun vergleichen Sie Ihr Testergebnis mit der Lösung unten.

Pfeife	**–**	**Papier**
Pilot	**–**	**Jeep**
Telefon	**–**	**Restaurant**
Uhr	**–**	**Pinsel**
Taschentuch	**–**	**Tür**
Schlüssel	**–**	**Garderobenständer**
Nagel	**–**	**Tisch**
Notizblock	**–**	**Briefmarke**
Katze	**–**	**Weinglas**
Taucher	**–**	**Luftballon**
Auto	**–**	**Koffer**
Papierkorb	**–**	**Regenschirm**
Briefkuvert	**–**	**Ärmelaufschlag**
Bleistift	**–**	**Manteltasche**
Krawatte	**–**	**Visitenkarte**

Wenn Sie zehn oder noch mehr Kopplungen richtig im Gedächtnis behalten haben, ist Ihr Erinnerungsvermögen schon recht gut. Und wenn Sie gar alle fünfzehn noch wußten, steht Ihrer Karriere als Gedächtniskünstler nichts mehr im Wege!

Wenn Sie weniger als zehn Richtige haben, seien Sie nicht traurig. Dem einen gelingt es schneller, ein bildhaftes Vorstellungsvermögen zu entwickeln, der andere braucht etwas länger dazu. Der Erfolg stellt sich aber auf jeden Fall ein. Sobald Sie die Anfangsschwierigkeiten überwunden haben, werden Sie sich mit spielerischer Leichtigkeit Einkaufslisten, Termine, Telefonnummern, Vokabeln und noch vieles andere einprägen können. Sie dürfen nur jetzt nicht die Ausdauer verlieren.

Wenn Sie bei dem Test nicht so gut abgeschnitten haben, wie Sie es sich eigentlich gewünscht hätten, kann das nur zwei Gründe haben: Entweder es ist Ihnen nicht gelungen, wirklich originelle, ausgefallene Assoziationen zu bilden; oder Sie haben die Bilder nicht intensiv genug vor Ihrem inneren Auge gesehen.

Wenn Sie das Gefühl haben, daß Sie die Assoziationsbilder nicht deutlich oder nicht lange genug vor sich gesehen haben, machen Sie die

Übung einfach noch einmal und versuchen Sie, die Bilder diesmal länger und deutlicher auf Ihre «innere Leinwand» zu projizieren.

Wenn Sie dagegen Schwierigkeiten mit der Herstellung phantasievoller Assoziationen hatten, sollten Sie sich die nächsten Seiten sehr aufmerksam ansehen. Dort finden Sie Vorschläge, wie man die Gegenstände auf lustige, originelle Weise miteinander verknüpfen könnte. Natürlich sind das nur Anregungen – für jedes Gegenstandspaar gibt es mindestens hundert verschiedene originelle Verknüpfungsmöglichkeiten!

\+ =

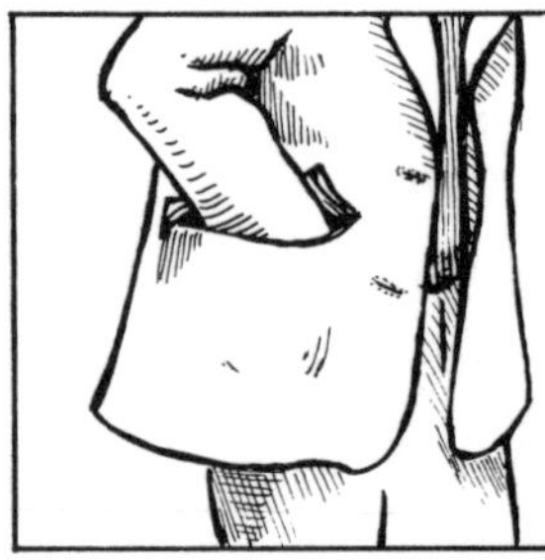

\+ =

DEUTSCHE BUNDESPOST
80

DEUTSCHE BUNDESPOST
80

\+ =

\+ =

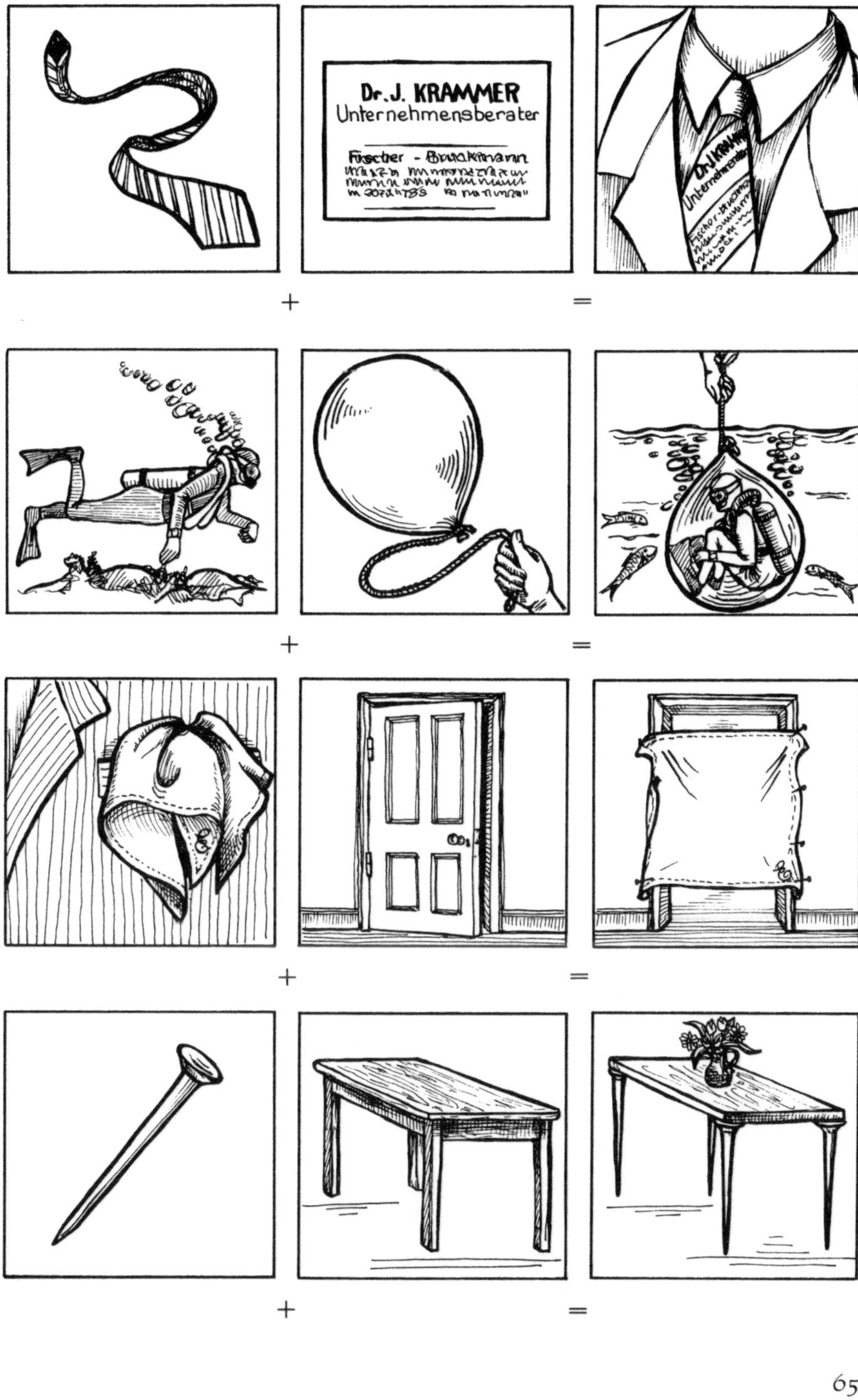
Dr. J. KRAMMER
Unternehmensberater

Sie werden feststellen, daß Ihnen im Laufe des Trainings allmählich immer originellere Einfälle kommen. Sie werden von Übung zu Übung kreativer.

Wenn Sie eher ein kommunikativer Typ sind, wenn es Ihnen schnell langweilig wird, allein zu üben, können Sie diese Übung auch in Form eines Spiels mit einem Partner oder zu Hause im Familienkreis machen.

Hinten im Buch finden Sie kleine Kärtchen zum Ausschneiden: 12 Karten mit Zeichnungen von Haushaltsartikeln, 12 Karten mit Fahrzeugen, 12 Karten, auf denen Berufe dargestellt sind, 12 Karten mit Büroartikeln und -geräten und 12 Karten mit verschiedenen Lebensmitteln und Getränken.

Mit diesen Karten sind verschiedene Spiele möglich, die Ihre geistige Flexibilität und Ihre Gedächtnisleistung ungeheuer steigern und gleichzeitig auch noch Spaß machen:

Das Braining-Kreativitätsspiel

Bei diesem Spiel geht es, wie der Name schon sagt, um die Steigerung der Kreativität – Ihrer Fähigkeit, möglichst schnell und spontan lustige Assoziationen zu erfinden.

Gespielt wird zu dritt: Es gibt zwei Spieler und einen «Schiedsrichter». Jeder der beiden Spieler erhält zwölf zusammengehörige Kärtchen und legt sie umgedreht auf einen Stapel vor sich hin.

Dann decken beide Spieler ihr oberstes Kärtchen auf und legen die beiden Kärtchen nebeneinander. Die Aufgabe besteht nun darin, zwischen den beiden Bildern auf den Kärtchen möglichst schnell eine originelle Assoziation zu finden. Wer als erster ein Assoziationsbild gefunden und in ein paar Worten beschrieben hat, erhält beide Kärtchen und legt sie neben sich. Wenn beiden Partnern gleichzeitig eine Assoziation einfällt – das wird Ihnen mit fortschreitender Übung immer häufiger passieren; es ist ein gutes Zeichen –, entscheidet der Schiedsrichter, welche der beiden Kopplungen am originellsten ist. Wer zum Schluß die meisten Karten hat, ist Sieger.

Sie können sich sicher vorstellen, daß dabei viele lustige, skurrile Bilder und Assoziationen entstehen. Stellen Sie sich zum Beispiel vor, Sie müßten eine originelle Verknüpfung zwischen «Polizist» und «Fallschirm» finden! Oder zwischen «Briefträger» und «Rakete» oder «Bleistift» und «Pommes frites» . . . Der Phantasie sind keine Grenzen gesetzt.

Nun sind wir schon einen Schritt weiter. Bei dem folgenden Spiel geht es nicht nur um Kreativität, um das Erfinden von Assoziationen, sondern gleichzeitig auch um die Fähigkeit, sich diese Assoziationen einzuprägen und über einen längeren Zeitraum hinweg zu merken.

Es wird zu zweit gespielt. Wieder erhält jeder Spieler zwölf zusammengehörige Kärtchen auf einem Stapel. Zu Beginn dieses Spiels decken beide Spieler ihre obersten Kärtchen auf und legen sie nebeneinander auf den Tisch. Die Spieler betrachten die beiden Kärtchen eine Zeitlang schweigend, und jeder bildet für sich eine lustige Assoziation zwischen den zwei Bildern, ohne sie jedoch dem anderen mitzuteilen. Dann werden die Kärtchen umgedreht.

Mit den nächsten Kärtchen wird ebenso verfahren, bis zum Schluß zwölf umgedrehte Kärtchenpaare auf dem Tisch liegen.

Dann deckt einer der beiden Spieler das Kärtchen auf, das als erstes auf den Tisch gelegt wurde. Und jetzt wird es spannend: Es gilt, sich an das Bild auf dem danebenliegenden, verdeckten Kärtchen zu erinnern. Wer es als erster nennen kann, erhält die beiden Kärtchen. Wenn beiden Spielern gleichzeitig die richtige Lösung einfallen sollte, werden die Kärtchen redlich geteilt: Jeder erhält eines.

Derjenige Spieler, der zuerst die richtige Lösung wußte, darf das nächste Kärtchen aufdecken – und so geht es weiter, bis alle Kärtchenpaare abgeräumt sind. Sieger ist natürlich wieder derjenige, der die meisten Kärtchen hat.

Bald werden Sie so weit fortgeschritten sein, daß es Ihnen gar nicht mehr schwerfällt, alle zwölf Kärtchenpaare im Gedächtnis zu behalten. Dann steigern Sie den Schwierigkeitsgrad doch einfach ein wenig: Statt zwölf Karten erhält jetzt jeder Spieler vierundzwanzig oder gar sechsunddreißig.

Das spielerische Üben zu zweit macht nicht nur mehr Spaß, sondern hat auch noch einen weiteren großen Vorteil: Wie beim Brainstorming befruchten die Teilnehmer sich gegenseitig mit ihren Ideen. Ihr Partner hat sicherlich eine etwas andere Art, zwei Dinge miteinander zu verknüpfen, als Sie, er findet Assoziationsmethoden, auf die Sie selbst nie gekommen wären und die Sie sich in Zukunft zunutze machen können. So können Sie spielerisch andere Kreativitäts- und Denkmuster kennenlernen und sich zu eigen machen.

So, jetzt habe ich Ihnen genug kluge Ratschläge gegeben. Nun schneiden Sie die Kärtchen aus und üben Sie.

Habe ich wirklich die Wohnungstür abgeschlossen?

Das kennen Sie sicherlich auch: Sie verbringen den Abend auf einer Party, bei Freunden oder im Theater, aber Sie können ihn nicht so richtig genießen, weil Sie nicht sicher sind, ob Sie auch wirklich die Wohnungstür abgeschlossen, die Alarmanlage angeschaltet, die Herdplatten oder den Grill ausgestellt haben, usw. Immer wieder überkommt Sie eine Schreckensvision: Sie stellen sich vor, wie Sie spätabends nach Hause zurückkommen und dicke schwarze Rauchwolken aus Ihren Fenstern dringen oder ein Einbrecher die Wohnung ausgeräumt hat.

Dagegen gibt es ein Rezept, das mit hundertprozentiger Sicherheit wirkt. Es hat – wie könnte es auch anders sein – etwas mit unseren Assoziationspaaren zu tun. Verkoppeln Sie die Dinge, an die Sie unbedingt denken müssen, doch einfach zu ungewöhnlichen Bildern! Dann werden Sie sie ganz bestimmt nie mehr vergessen.

Sie möchten sich einprägen, daß Sie beim Verlassen Ihrer Wohnung die Wohnungstür abschließen müssen? Betrachten Sie die Türklinke intensiv und stellen Sie sich statt der Klinke einen Schlüssel vor, dessen Bart nach oben zeigt. Fühlen Sie, wie der Schlüsselbart Sie an den Händen kratzt und piekst, wenn Sie die Klinke umfassen. Sehen Sie dieses Bild jedesmal vor sich, wenn Sie an Ihrer Wohnungstür vorbeigehen.

Wenn Sie nun die Wohnung verlassen wollen und die Klinke herunterdrücken, wird Ihnen dieses Bild dabei automatisch wieder einfallen – vorausgesetzt, Sie haben es intensiv genug vor sich gesehen –, und es wird Sie daran erinnern, die Tür abzuschließen.

Nehmen wir an, Sie möchten ein Hähnchen grillen. Es ist Ihnen schon oft passiert, daß Sie in Ihrer Vergeßlichkeit nicht gleich daran dachten, den Grill auszuschalten. Heute aber dürfen Sie es auf keinen Fall vergessen, denn Sie gehen heute abend auf eine dreitägige Geschäftsreise. Also stellen Sie sich vor, wie das Hähnchen – knusprig braun gegrillt – aus dem Grill herausgeflogen kommt und den Grill selbst ausschaltet! Dieses ungewöhnliche Bild wird sich Ihnen so intensiv einprägen, daß Sie jedesmal daran denken, wenn Sie in die Küche gehen und den Grill sehen. So werden Sie garantiert auf keinen Fall vergessen, den Grill auszuschalten, sobald das Hähnchen fertig ist.

Sie haben sich zur Steigerung Ihrer Konzentration Vitamin-B-Tabletten gekauft. Diese Vitamine möchten Sie jeden Abend nach dem Zähneputzen einnehmen.

Sehen Sie einfach vor Ihrem geistigen Auge, wie Sie gerade Ihre Zähne putzen und noch einige Vitamintabletten im Mund haben, die beim Putzen klappern. Diese Vorstellung wird Sie ganz bestimmt an die Einnahme der Tabletten erinnern.

Ihren Chef möchten Sie daran erinnern, daß Sie für zwei Tage auf einen Fortbildungskurs gehen wollen. Damit Ihnen das einfällt, sobald Sie ihn treffen, stellen Sie sich möglichst bildhaft und plastisch vor, wie Ihr Chef als Hut einen Ordner mit Fortbildungsprogrammen trägt.

Beim Mittagessen möchten Sie daran denken, daß Sie sich in der Mittagspause das Buch «Vokabelnlernen wie im Schlaf» besorgen müssen. Stellen Sie sich vor, wie Sie in der Kantine sitzen und gerade Ihr Schnitzel anschneiden, und ... Zufällig liegt auf Ihrem Teller das besagte Buch! Beinahe hätten Sie es mit angeschnitten.

Nach dem Mittagessen möchten Sie in der Stadt noch einen bunten Blumenstrauß besorgen. Also «basteln» Sie eine besonders bildhafte Verknüpfung, damit Ihnen diese Erledigung genau nach dem Essen wieder einfällt! Da Sie nach dem Mittagessen in der Regel durch den Park Ihrer Firma schlendern, stellen Sie sich einfach vor, daß aus dem Springbrunnen im Park statt Wasser lauter bunte Blumen herausspritzen. Das genügt schon als Erinnerungsstütze.

Frau Rötting – sie wohnt einen Stock höher im Haus – möchten Sie morgen zum Geburtstag gratulieren. Wenn Sie es vergessen, ist sie todsicher beleidigt. Also stellen Sie sich Frau Rötting mit einer riesengroßen Geburtstagstorte auf dem Kopf vor. Sehen Sie in Gedanken, wie sie mit der Torte auf dem Kopf die Treppe herunterkommt.

Wenn Sie Ihren Hausmeister das nächste Mal treffen, müssen Sie ihm unbedingt sagen, er möge doch bitte die Heizung regulieren. Also stellen Sie sich vor, wie Sie dem Hausmeister als Maskottchen einen Heizkörper umhängen!

Das funktioniert garantiert immer und ist gleichzeitig eine gute Verknüpfungsübung für Sie. Versuchen Sie es einmal! Wenn Sie daran denken möchten, jemanden anzurufen, verknüpfen Sie Ihr Telefon mit dem Inhalt des Anrufs oder mit der Person, die Sie anrufen müssen, zu einem lustigen Bild. Jedesmal, wenn Sie Ihr Telefon sehen, wird Ihnen das Bild automatisch einfallen. Wenn Sie vor dem Frühstück Tabletten einnehmen müssen, sehen Sie Ihr Frühstücksbrötchen vor sich, das statt mit Wurst oder Käse mit diesen Tabletten belegt ist. Und wenn Sie vor dem Verlassen Ihres Büros unbedingt noch etwas erledigen müssen, bauen Sie die Tür Ihres Büros oder den Fahrstuhl, mit dem Sie nach unten fahren, einfach in Ihr Assoziationsbild ein. Sobald Sie dann die Tür öffnen oder im Begriff sind, den Fahrstuhl zu betreten, wird Ihnen das Bild wieder einfallen, und Sie werden Ihre Erledigung nicht vergessen.

Wenn Sie das regelmäßig praktizieren, wird es das Problem «Vergeßlichkeit» für Sie bald nicht mehr geben. Wichtige Termine, Erledigungen, Anrufe – alles können Sie sich so einprägen. Gleichzeitig ist es eine gute Übung, mit der Sie ganz nebenbei, ohne viel Zeit zu investieren, Ihr Gedächtnis trainieren können.

3.

Checklisten, Präsentationen und Verkaufsargumente

Nun, da Sie die Kunst der Assoziation erlernt haben, können wir zum nächsthöheren Schwierigkeitsgrad übergehen. In diesem Kapitel werden Sie lernen, wie man sich lange Einkaufs- und Erledigunslisten, Sätze, ja sogar den Text einer Präsentation oder Rede mit spielerischer Leichtigkeit einprägt. Der Weg zum rhetorischen Genie führt über ein gutes Gedächtnis!

Lassen Sie Ihren Einkaufszettel zu Hause!

Beginnen wir mit Einkaufslisten. Wie man dabei vorgeht, werden Sie sicherlich schon erraten haben: Man verknüpft die Posten, die man sich merken muß, einfach miteinander und sieht das entstandene Bild vor seinem geistigen Auge – nur daß es sich diesmal eben nicht um Assoziations*paare*, sondern um ganze Assoziations*ketten* handelt. Das ist nur eine geringfügige Steigerung des Schwierigkeitsgrads.

Nehmen wir an, Sie müssen Futter für Ihren Goldfisch, Eier und Marmelade kaufen. Wie merken Sie sich das?

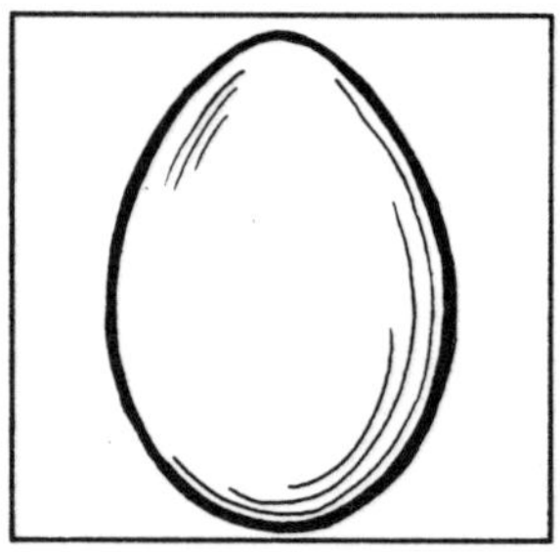

Stellen Sie sich vor, Sie füttern Ihren Goldfisch. Sehen Sie vor Ihrem geistigen Auge, wie Sie das Futter in sein Glas schütten. Und daraufhin legt dieser verrückte Fisch doch tatsächlich ein Ei! Wunderbar, denken Sie, dann weiß ich ja, wie ich in Zukunft zu meinen Frühstückseiern komme. Sie enthaupten das Ei und servieren es Ihrem kleinen Sohn zum Frühstück – aber statt es mit Salz zu bestreuen, streicht er Marmelade darauf (igitt!).

Spüren Sie den Geschmack des mit Marmelade beschmierten Eis auf der Zunge – dann werden Sie diese kleine Szene sicherlich nicht so schnell wieder vergessen.

Und nun stellen Sie sich vor, Sie müßten auf dem Heimweg vor der Arbeit zuerst Ihre Brille beim Optiker abholen, dann eine Krawatte erstehen und zum Schluß noch einen Blumenstrauß für Ihre Frau kaufen.

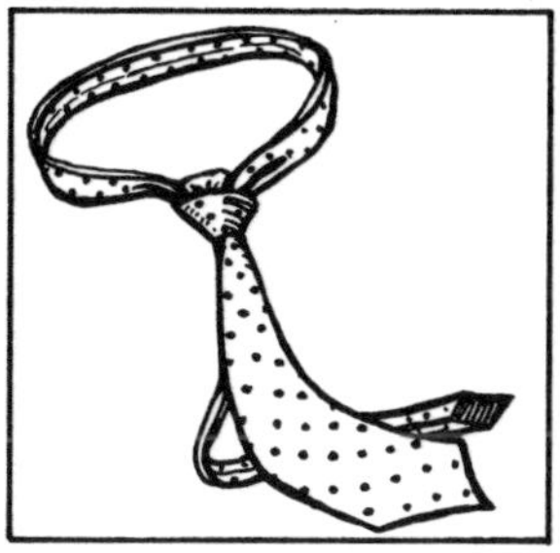

Wie kann man Brille, Krawatte und Blumenstrauß auf möglichst lustige oder originelle Weise miteinander verknüpfen?

Ganz einfach. Sie befestigen Ihre Brille mit einem Knoten an Ihrer Krawatte, damit Sie sie nicht verlieren. Und um Ihrer jetzt schon ziemlich originellen Erscheinung den letzten Schliff zu geben, stecken Sie sich noch einen Rosenstrauß in die Jackettasche.

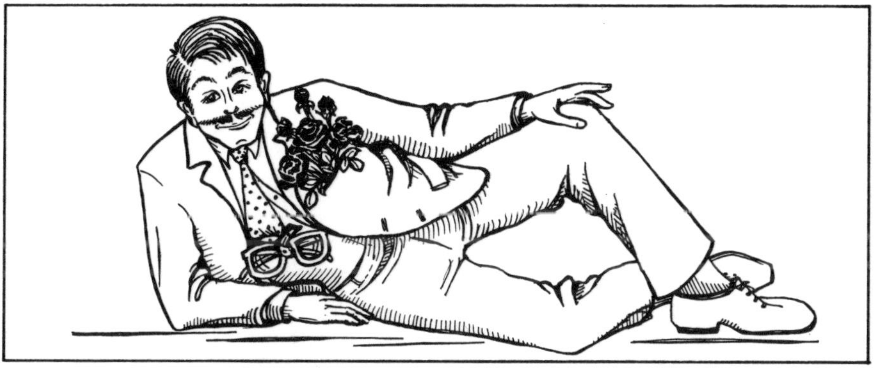

Sehen Sie – es ist gar nicht so schwer. Glauben Sie, daß Sie das jetzt auch allein können?

Aber sicher. Und Ihr bildhaftes Vorstellungsvermögen ist inzwischen schon so ausgeprägt, daß Sie gar keine Zeichnung mehr brauchen; Sie können sich die Dinge auch so vorstellen.

Prägen Sie sich die Einkaufslisten auf den folgenden Seiten mit Hilfe der Assoziationsmethode ein:

Schuster – Blumendünger – Theaterkarten

Briefmarke – Terminkalender – Geburtstagskuchen

Schallplattengeschäft – Farbbänder – Honig

Toaster – Telefonbuch – Hut

Diktiergerät – Schreibmaschine – Kaffee

☐

Metzger – Briefumschläge – Sekt

☐

Dosenöffner – Waschpulver – Rasierklingen

☐

Toilettenpapier – Weihnachtskarte – Streichhölzer

☐

Diese Aufgabe war nun schon ein klein wenig schwieriger, weil Sie nicht einfach nur ein Bild vor sich sehen, sondern sich ganze Handlungsabläufe, kleine Szenen vorstellen mußten. Aber nachdem Sie Ihr bildliches Vorstellungsvermögen durch die Übung mit den Assoziationspaaren jetzt schon fast zur Perfektion gebracht haben, dürfte so etwas eigentlich kein Problem mehr für Sie sein.

Haben Sie all die lustigen kleinen Szenen, die Ihnen zu den Einkaufslisten eingefallen sind, klar und deutlich vor sich gesehen? Haben Sie nach Möglichkeit auch Ihre anderen Sinnesorgane mit einbezogen – das heißt, sich vorgestellt, wie die Dinge sich anfühlen, schmecken, riechen, was für Geräusche sie von sich geben?

Gut. Dann müßten Sie bei dem folgenden Test eigentlich hervorragend abschneiden.

Testen Sie Ihr Gedächtnis!

Decken Sie die rechte Buchseite mit einem Blatt Papier ab (dort steht nämlich die Lösung) und ergänzen Sie die untenstehenden Listen. Der erste Gegenstand ist jeweils genannt.

Brille ______________________ ☐

Schallplattengeschäft ______________________ ☐

Fischfutter ______________________ ☐

Diktiergerät ______________________ ☐

Schuster ______________________ ☐

Toilettenpapier ______________________ ☐

Briefmarke ______________________ ☐

Toaster ______________________ ☐

Dosenöffner ______________________ ☐

Metzger ______________________ ☐

Und nun vergleichen Sie Ihr Ergebnis mit der Auflösung dieses kleinen Tests:

Brille – Krawatte – Blumenstrauß
Schallplattengeschäft – Farbbänder – Honig
Fischfutter – Eier – Marmelade
Diktiergerät – Schreibmaschine – Kaffee
Schuster – Blumendünger – Theaterkarten
Toilettenpapier – Weihnachtskarte – Streichhölzer
Briefmarke – Terminkalender – Geburtstagskuchen
Toaster – Telefonbuch – Hut
Dosenöffner – Waschpulver – Rasierklingen
Metzger – Briefumschläge – Sekt

Sind Sie mit Ihrem Testergebnis zufrieden?

Wenn Sie sich sieben oder noch mehr Einkaufslisten richtig gemerkt haben, kann ich Ihnen gratulieren. Sie haben den Sprung von den Zweier- zu Dreierkopplungen mühelos geschafft!

Für diejenigen, die noch keinen ganz so großen Erfolg verbuchen konnten, nun ein paar Anregungen, wie man die Gegenstände hätte verknüpfen können:

Schuster – Blumendünger – Theaterkarten. Statt Ihre Schuhe zu reparieren, düngt der Schuster sie mit Blumendünger. Und was kommt daraufhin aus den Schuhen heraus? Zwei Theaterkarten! Beim Abholen sind Sie sehr überrascht, die beiden Karten in den Schuhen steckend zu finden.

Briefmarke – Terminkalender – Geburtstagskuchen. Statt Termine in Ihren Kalender zu schreiben, kleben Sie einfach Briefmarken hinein. Ist ja auch viel lustiger! Dann bewirten Sie die Geburtstagsgäste mit Kuchen und benutzen den Terminkalender als Tortenheber.

Schallplattengeschäft – Farbbänder – Honig. Sie gehen ins Schallplattengeschäft und stellen zu Ihrem Erstaunen fest, daß in den bunten Hüllen keine Platten, sondern lauter schwarze Farbbänder stecken. «Ein Farbband kann auch nicht schaden», denken Sie und kaufen eines. Am Abend legen Sie es auf den Plattenspieler: «Mal sehen, was das für Musik gibt. Vielleicht Schreibmaschinengeklapper?» Aber Sie erleben eine herbe Enttäuschung: Das Farbband löst sich auf und verwandelt sich in Honig, der dickflüssig und klebrig vom Saphir des Plattenspielers tropft.

Toaster – Telefonbuch – Hut. Ihr Toaster scheint kaputt zu sein. Statt der erwarteten Toastscheiben springen Telefonbücher heraus!

Mit einem Blick aus dem Fenster stellen Sie fest, daß es draußen regnet. Sie nehmen eines der Telefonbücher, klappen es auf und setzen es sich auf den Kopf, um auf dem Weg zum Büro nicht naß zu werden.

Diktiergerät – Schreibmaschine – Kaffee. Hurra – ab heute brauchen Sie keine Sekretärin mehr! Die Schreibmaschine, die nach Diktat schreiben kann, ist erfunden worden. Man braucht sie nur ans Diktiergerät anzuschließen. Heute früh ist Ihnen diese sensationelle neue Errungenschaft geliefert worden. Sie diktieren ihr einen kurzen Brief – und stellen anschließend fest, daß die Maschine auch noch eine weitere Fähigkeit Ihrer Sekretärin besitzt: Sie kann Kaffee kochen! An der linken Seite der Tastatur befindet sich eine Taste, auf der eine dampfende Kaffeetasse abgebildet ist. Ungläubig drücken Sie drauf – und tatsächlich öffnet sich seitlich an der Maschine eine niedliche kleine Schiebetür, und es kommt eine verführerisch duftende große Tasse Kaffee zum Vorschein. Wie finden Sie das?

Kommt Ihnen diese Geschichte sehr albern vor? Um so besser werden Sie sie im Gedächtnis behalten. Spielen Sie ruhig einmal Baron Münchhausen! Je phantastischer oder unsinniger eine Szene ist, um so leichter bleibt sie im Gedächtnis haften. (Und schließlich brauchen Sie ja niemandem zu verraten, wie Sie sich Ihre Einkaufslisten merken.)

Metzger – Briefumschläge – Sekt. Da dem Metzger die Plastiktüten ausgegangen sind, steckt er das Schnitzel, das Sie bei ihm kaufen, in einen Briefumschlag. Sie werden wütend und drohen ihm an, sich bei seinem Chef zu beschweren. Um Sie etwas milder zu stimmen, holt er eine Flasche Sekt hervor, die zwischen dem Fleisch im Tiefkühlfach liegt, und spendiert Ihnen ein Gläschen.

Dosenöffner – Waschpulver – Rasierklingen. Da die Packung Waschpulver sich beim besten Willen nicht öffnen läßt, probieren Sie es mit einem Dosenöffner – und siehe da: Es gelingt. Noch verblüffender ist der Inhalt der Packung: Statt mit Waschpulver ist sie mit lauter Rasierklingen gefüllt! «Kein Problem», denken Sie, «der kluge Mann weiß sich zu helfen.» Statt Ihre Hemden zu waschen, kratzen Sie den Schmutz einfach mit Rasierklingen ab! (Aber schneiden Sie sich dabei nicht in den Finger!)

Toilettenpapier – Weihnachtskarte – Streichhölzer. Auf der Toilette stellen Sie fest, daß das Toilettenpapier, das Sie gekauft haben, mit Christbäumen, Tannenzweigen und brennenden Kerzen bedruckt ist. «Fröhliche Weihnachten!» steht auf jedem Papier. Und beim Benutzen des Papiers macht sich ein intensiver Tannennadelduft im Raum breit. «So ein Quatsch», denken Sie wütend, nehmen ein Streichholz und zünden das Toilettenpapier an.

Wenn Sie noch ein wenig weiterüben möchten, nehmen Sie wieder die kleinen Kärtchen aus dem hinteren Teil des Buches zur Hand, die Sie vorhin ausgeschnitten haben. Spielen Sie das «Kreativitätsspiel» und das «Gedächtnisspiel» – aber diesmal mit drei Kärtchenstapeln und drei Mitspielern statt mit zweien, so daß Dreierkopplungen entstehen.

Was muß ich morgen alles erledigen?

Nun gehen wir zum nächsten Schwierigkeitsgrad über – dem Einprägen von Erledigungslisten. Wie merken Sie sich, was Sie am nächsten Tag alles tun müssen?

Tätigkeiten kann man sich nicht ganz so leicht bildlich vorstellen wie Gegenstände; man muß dazu ein etwas komplexeres Bild, meist auch einen bestimmten Bewegungsablauf vor seinem geistigen Auge sehen. Aber Ihr bildliches Vorstellungsvermögen ist inzwischen schon soweit geschult, daß Ihnen dieser Schritt keine Mühe mehr bereiten wird.

Beginnen wir mit einem relativ einfachen Beispiel: Sie möchten sich merken, daß Sie morgen früh als erstes tanken müssen. Im Büro angekommen, dürfen Sie auf keinen Fall vergessen, Ihrer Sekretärin zum Geburtstag zu gratulieren. Als nächstes müssen Sie einen wichtigen Brief unterzeichnen.

Nun denken Sie sich mit den Begriffen «tanken», «zum Geburtstag gratulieren» und «einen Brief unterzeichnen» ganz einfach eine lustige kleine Geschichte aus.

Zum Beispiel: Nachdem Sie getankt haben, wird Ihr Auto plötzlich so übermütig, als habe es statt des Benzins Sekt getrunken. Es rast mit hundert Stundenkilometern durch die Stadt und denkt auch gar nicht daran, wie üblich auf dem Firmenparkplatz zu halten, sondern fährt bis in Ihr Büro hinein. Direkt vor Ihrer Sekretärin bleibt es stehen und hupt fröhlich die Melodie von «Happy birthday to you!» Ihre Sekretärin schwingt sich mit einem eleganten Satz auf die Kühlerhaube und hält Ihnen mit gebieterischer Geste einen Füllfederhalter und einen Brief zum Unterschreiben hin.

So einfach ist das! Werden Sie zum Filmregisseur, der lustige, skurrile Szenen nur so aus dem Ärmel schüttelt.

Als nächstes sollen Sie sich einprägen, daß Sie für heute abend einen Tisch für vier Personen in einem Restaurant reservieren müssen. Anschließend müssen Sie überprüfen, ob der Diaprojektor, den Sie bei Ihrer Präsentation einsetzen möchten, auch richtig funktioniert. Und in der Mittagspause möchten Sie ein Spielzeugauto für Ihren Sohn kaufen.

Auch das ist nicht schwierig. Für die erste Erledigung – die Tischreservierung – stellen Sie sich einfach einen Tisch mit vier Stühlen in einem Restaurant vor. Auf einem der Stühle sitzen Sie und warten mit knurrendem Magen auf das Abendessen. Endlich kommt der Kellner – aber mit hämischem Lächeln bringt er Ihnen statt des ersehnten Cordon bleu einen Diaprojektor und statt Messer und Gabel Schraubenzieher und Zange. «Der Projektor ist wieder mal kaputt und muß repariert werden», sagt er. «Das Cordon bleu gibt's erst hinterher. Wer nicht arbeitet, soll auch nicht essen!« Verbittert machen Sie sich mit Schraubenzieher und Zange über den Projektor her – doch während Sie an ihm herumbasteln, verwandelt er sich in ein Spielzeugauto und fährt davon. Entgeistert sehen Sie ihm nach. Kein Diaprojektor *und* kein Cordon bleu – heute scheint nicht gerade Ihr Glückstag zu sein!

Eigentlich ein Kinderspiel. Das können Sie auch.

Beweisen Sie sich selbst, wieviel Phantasie Sie haben! Erfinden Sie für die folgenden Erledigungen lustige kleine Szenen. Die leeren Zeilen brauchen Sie nun nicht mehr – Sie können Ihre Assoziationen inzwischen im Kopf herstellen:

- **Tisch für vier Personen reservieren – prüfen, ob der Diaprojektor funktioniert – ein Spielzeugauto kaufen;**
- **Kleingeld einstecken – Kollegen vom Flughafen abholen – vom Flughafen aus Ihre Frau anrufen;**
- **Am Automaten Briefmarken kaufen – Visitenkarten abholen – Buch in der Bücherei abholen;**

- **Ihrer Sekretärin einen Brief diktieren – Hotelzimmer reservieren – einen Aktenordner suchen;**
- **Paket zur Post bringen – Anzug in die Reinigung bringen – Auto in die Reparaturwerkstätte fahren;**
- **An einer Besprechung teilnehmen – Telefonstörstelle anrufen – Kranz für eine Beerdigung in Auftrag geben.**
- **Tanken – Ihrer Sekretärin zum Geburtstag gratulieren – einen Brief unterzeichnen.**

Testen Sie Ihr Gedächtnis!

Ergänzen Sie die folgenden Erledigungslisten. Die erste Erledigung ist jeweils abgedruckt.

Ihrer Sekretärin einen Brief diktieren ______________________

____ ☐

Paket zur Post bringen ______________________

____ ☐

Tanken ______________________

____ ☐

Am Automaten Briefmarken kaufen ______________________

____ ☐

Tisch für vier Personen reservieren ______________________

____ ☐

An einer Besprechung teilnehmen ______________________

____ ☐

Kleingeld einstecken ______________________

____ ☐

Vergleichen Sie Ihr Ergebnis mit der untenstehenden Auflösung des Tests.

Ihrer Sekretärin einen Brief diktieren – Hotelzimmer reservieren – einen Aktenordner suchen

Paket zur Post bringen – Anzug in die Reinigung bringen – Auto in die Reparaturwerkstätte fahren

Tanken – Ihrer Sekretärin zum Geburtstag gratulieren – einen Brief unterzeichnen

Am Automaten Briefmarken kaufen – Visitenkarten abholen – Buch in der Bücherei abholen

Tisch für vier Personen reservieren – prüfen, ob der Diaprojektor funktioniert – ein Spielzeugauto kaufen

An einer Besprechung teilnehmen – Telefonstörstelle anrufen – Kranz für eine Beerdigung in Auftrag geben

Kleingeld einstecken – Kollegen vom Flughafen abholen – vom Flughafen aus Ihre Frau anrufen

Wenn Sie fünf oder noch mehr Erledigungslisten richtig im Kopf behalten haben, ist das für den Anfang ein ausgezeichnetes Ergebnis. Wenn es weniger sind, wiederholen Sie die Übung noch einmal und lassen Sie sich vielleicht von den folgenden Verknüpfungsvorschlägen ein wenig «auf die Sprünge helfen».

Ihrer Sekretärin einen Brief diktieren – Hotelzimmer reservieren – einen Aktenordner suchen. Sie sitzen Ihrer Sekretärin gegenüber und wollen ihr einen Brief diktieren. Doch statt zu schreiben, lächelt sie Sie verführerisch an, greift zum Telefonhörer und reserviert im vornehmsten Hotel der Stadt ein Zimmer für sich selbst und Sie. Ihnen stockt der Atem. Will sie Sie etwa verführen?

Mal abwarten, was passiert, sagen Sie sich und fahren mit ihr zu dem Hotel. Dort angekommen, erklärt Ihnen der Empfangschef, daß in dem Zimmer ein Aktenordner versteckt ist, der wichtige Dokumente enthält.

Wer ihn findet, den erwartet eine Belohnung von 5000 DM. Gemeinsam kehren Sie in dem Hotelzimmer das unterste zuoberst, suchen verzweifelt nach dem Ordner und finden ihn schließlich unter einer Matratze. Beglückt fallen Sie einander um den Hals.

Gestalten Sie Ihre Assoziationsbilder ruhig positiv – lassen Sie in diesen kleinen Tagträumen Ihre kühnsten Wünsche in Erfüllung gehen. Je positiver das Bild ist, um so leichter werden Sie sich später daran erinnern können! Es ist eine schon seit langem erwiesene Tatsache, daß wir angenehme Erlebnisse leichter und länger im Gedächtnis behalten als unangenehme, die wir gern «verdrängen».

Paket zur Post bringen – Anzug in die Reinigung bringen – Auto in die Reparaturwerkstätte fahren. Sie bringen ein Paket zur Post; doch statt es zu frankieren, öffnet der Schalterbeamte es, holt Ihren Anzug heraus, hält ihn mit spitzen Fingern in die Höhe und sagt: «Den könnten Sie ruhig auch wieder einmal zur Reinigung bringen.» Beschämt nehmen Sie den Anzug entgegen, verlassen das Postamt so schnell wie möglich und wollen zum Auto gehen. Doch der Schalterbeamte ruft Sie zurück: «Was, mit diesem schrottreifen Auto wollen Sie tatsächlich noch fahren? Haben Sie noch nie etwas von einer Autoreparaturwerkstätte gehört?»

Am Automaten Briefmarken kaufen – Visitenkarten abholen – Buch in der Bücherei abholen. Sie stecken ein paar Münzen in den Briefmarkenautomaten – doch zu Ihrer Überraschung kommen keine Marken, sondern statt dessen lauter Visitenkarten heraus, auf denen Ihr Name abgedruckt ist! «Auch gut», denken Sie sich, «dann brauche ich meine Visitenkarten gar nicht mehr abzuholen.» Sie gehen in die Bücherei – und entdecken, daß auch auf allen Buchdeckeln Ihre Visitenkarte abgedruckt ist! Ist es nicht ein herrliches Gefühl, plötzlich so berühmt zu sein?

An einer Besprechung teilnehmen – Telefonstörstelle anrufen – Kranz für eine Beerdigung in Auftrag geben. Sie sind in einer Besprechung, bei der sich alle Teilnehmer telefonisch miteinander verständigen. Jeder hat ein Telefon vor sich. Sie nehmen den Hörer Ihres Telefons ab und stellen fest, daß es nicht funktioniert. «Das Telefon ist kaputt», sagt Ihr Tischnachbar, «wir müssen es beerdigen. Ich stifte einen Kranz!» Er nimmt einen riesigen Blumenkranz und legt ihn auf das Telefon.

Jetzt ist Ihr Gedächtnis nicht mehr zu bremsen!

Nun dürfte es Ihnen gar keine Schwierigkeiten mehr bereiten, sich zu merken, was Sie am nächsten Tag alles tun müssen. Wer aber trotzdem noch ein wenig üben möchte, dem rate ich zu einer weiteren Variante des Kreativitätsspiels und des Gedächtnisspiels: Hinten im Buch finden Sie 12 Kärtchen, auf denen Tätigkeiten wie z.B. telefonieren, einen Brief in den Briefkasten werfen usw. abgebildet sind. Schneiden Sie diese 12 Kärtchen aus und kombinieren Sie sie beim Spielen mit anderen, beispielsweise mit Kärtchen aus den Bereichen «Lebensmittel» oder «Bürogeräte». Spielen Sie zunächst zu dritt – mit Dreier-Assoziationsketten – und steigern Sie den Schwierigkeitsgrad dann ganz langsam auf vier oder fünf Mitspieler und entsprechend umfangreichere Koppelungen. Denn Sie sollen nun lernen, sich nach und nach immer längere Listen von Gegenständen und Erledigungen einzuprägen.

Beginnen wir mit einer Einkaufsliste, die aus sechs Posten besteht:

Strümpfe – Haarspange – Streichhölzer – Melone – Shampoo – Wasserfarben.

Überlegen Sie sich ein möglichst lustiges Bild und sehen Sie es intensiv vor sich.

Darf ich Ihnen verraten, welche Assoziation mir dazu eingefallen ist? Statt mit einer Haarspange bindet Ihre Frau sich das Haar mit einem Strumpf zusammen. Dann versucht sie sich mit Streichhölzern Locken ins Haar zu brennen! Das geht aber schief. Es gelingt Ihnen gerade noch in letzter Minute, einen Brand zu verhindern, indem Sie eine Melone aus der Küche holen, sie anbohren und mit dem aus der Melone spritzenden Saft das Feuer löschen. Der Melonensaft beginnt auf dem Kopf Ihrer Frau zu schäumen, und sie benutzt ihn als Shampoo. Dann färbt sie sich das Haar noch mit Wasserfarben – und fertig ist die Partyfrisur!

Nun zur nächsten Aufgabe. Auf einem Bildschirm sehen Sie sechs Gegenstände auf einem Fließband langsam vorüberziehen (ähnlich wie in der Rudi-Carell-Show «Am laufenden Band»):

Kanarienvogel – Hängematte – Wäschekorb – Hollywoodschaukel – Abendkleid – Heimsauna.

Stellen Sie sich vor, daß Sie alle Gegenstände, die Sie sich merken können, behalten dürfen. Das wird Sie motivieren, sich die Liste möglichst intensiv einzuprägen.

Wie gewohnt, helfe ich Ihnen am Anfang noch ein wenig auf die Sprünge. Sie könnten die sechs Gegenstände zum Beispiel folgendermaßen miteinander verknüpfen: Ihr Kanarienvogel liegt faul in der Hängematte und schläft. Sie sind der Meinung, daß es beiden – Hängematte und Vogel – nicht schaden könnte, wieder einmal gewaschen zu werden, stekken die Matte mit dem Vogel kurzerhand in den Wäschekorb, tragen beide ins Badezimmer und waschen sie. Da der Vogel den Wäschetrockner natürlich nicht überleben würde, trocknen Sie die Matte und den Vogel, indem Sie sie einfach in eine Hollywoodschaukel legen und sie so lange hin und her schaukeln, bis sie durch den Wind getrocknet sind. Der Vogel hat während des Waschens und Trocknens einige Federn gelassen, die Sie als Verzierung an das dunkelblaue Abendkleid Ihrer Frau stecken. Dunkelblau und Kanariengelb paßt gut zusammen! Ihre Frau weiß diese eigenwillige Dekoration jedoch anscheinend gar nicht zu schätzen. Sie geht mit dem schönen Abendkleid in die Heimsauna!

Und nun versuchen Sie es selbst. Sie werden sehen – es ist gar nicht so schwer. Prägen Sie sich die folgenden Einkaufslisten ein:

1. **Zeitung – Butter – Haarspray – Notizblock – Erdnüsse – Bademütze**

2. **Zitronen – Brötchen – Mundwasser – Blumenkohl – Spaghetti – Zucker**

3. **Kaffee – Pappbecher – Cola – Salzstangen – Kuchen – Strohhalme**

4. **Bleistift – Geburtstagskarte – Papierkorb – Radiergummi – Zeichenblock – Klebstoff**

5. **Schuhcreme – Zahnbürste – Papiertaschentücher – Rasierwasser – Kugelschreiber – Blumentopf**

6. **Kamillentee – Watte – Hustensaft – Weintrauben – Schnitzel – Apfelsaft.**

Decken Sie die untere Seitenhälfte ab und ergänzen Sie die folgenden Listen:

Kanarienvogel ______________________ ☐

Kaffee ______________________ ☐

Strümpfe ______________________ ☐

Kamillentee ______________________ ☐

Schuhcreme ______________________ ☐

Zitronen ______________________ ☐

Zeitung ______________________ ☐

Bleistift ______________________ ☐

Und nun vergleichen Sie Ihre Einkaufslisten mit der untenstehenden Auflösung.

Kanarienvogel – Hängematte – Wäschekorb – Hollywoodschaukel – Abendkleid – Heimsauna
Kaffee – Pappbecher – Cola – Salzstangen – Kuchen – Strohhalme
Strümpfe – Haarspange – Streichhölzer – Melone – Shampoo – Wasserfarben
Kamillentee – Watte – Hustensaft – Weintrauben – Schnitzel – Apfelsaft
Schuhcreme – Zahnbürste – Papiertaschentücher – Rasierwasser – Kugelschreiber – Blumentopf
Zitronen – Brötchen – Mundwasser – Blumenkohl – Spaghetti – Zucker
Zeitung – Butter – Haarspray – Notizblock – Erdnüsse – Bademütze
Bleistift – Geburtstagskarte – Papierkorb – Radiergummi – Zeichenblock – Klebstoff

Nun sind auch Listen mit acht oder noch mehr Posten kein Problem mehr für Sie. Ganz gleichgültig, wie lang Ihre Einkaufs- oder Checkliste ist – Sie können immer nach dem gleichen einfachen Prinzip vorgehen: Die einzelnen Posten werden zu einer lustigen Szene oder Bildergeschichte verknüpft.

Versuchen Sie es einmal:

1. Nehmen wir an, Sie gehen morgen früh auf eine Geschäftsreise und sind beim Kofferpacken. Folgende Dinge dürfen Sie auf gar keinen Fall vergessen:

Videokassette – dunkelblauen Anzug – Hustentabletten – Visitenkarten – bunte Filzstift-Marker – Deospray – Adreßbuch – Terminkalender

Lesen Sie diese Liste aufmerksam durch und verknüpfen Sie die einzelnen Posten miteinander!

2. Ihr Sohn bringt einen Zettel aus der Schule mit, daß er für morgen folgende Gegenstände zum Basteln mitnehmen soll:

Eine alte Zeitung – einen Wasserfarbkasten – eine alte Zahnbürste – eine leere Streichholzschachtel – ein Stück Bindfaden – einen Bleistift – einen Wischlappen – ein Taschentuch.

Lesen Sie die Liste einige Male durch und behalten Sie sie möglichst vollständig im Kopf, denn das kleine Schwesterchen wird aus dem Zettel gleich ein Papierflugzeug machen, das spurlos verschwindet.

3. Sie fliegen übermorgen geschäftlich auf die Kanarischen Inseln. Ihre Frau hat Sie gebeten, ihr einige Dinge mitzubringen, die dort besonders preisgünstig sind:

Lederhandtasche – Seife – afrikanische Maske – Bildband über die Kanarischen Inseln – Ledergürtel – Muschelkette – Blumensamen – Parfüm.

Früher hätten Sie sich solche Dinge aufschreiben müssen. Jetzt können Sie sie mühelos im Kopf behalten!

Haben Sie sich alles gemerkt?

Ergänzen Sie aus dem Gedächtnis bitte die folgenden Listen:

Lederhandtasche

____

____

____

____

____

______________________________________ ☐

Videokassette

____

____

____

____

____

______________________________________ ☐

Alte Zeitung

____

____

____

____

____

______________________________________ ☐

Und nun blättern Sie eine Seite zurück und überprüfen Sie Ihr Ergebnis. Haben Sie alle drei Listen richtig im Kopf behalten?

Falls Sie noch ein wenig Schwierigkeiten hatten, die acht Posten miteinander zu verknüpfen, gebe ich Ihnen im folgenden ein paar Anregungen, wie man dabei vorgehen könnte:

Nun, statt einer Videokassette könnten Sie zum Beispiel Ihren dunkelblauen Anzug in den Recorder stecken. Dann erscheint auf dem Bildschirm alles blau! Und vielleicht fängt Ihr Anzug dann plötzlich an zu husten. Oder wie wäre es mit einer ganz neuen Erfindung: einem Filzstift-Marker, der auf Knopfdruck gleichzeitig als Deo-Spray benutzbar ist?

Den Wischlappen, den Ihr Sohn in den Zeichenunterricht mitnehmen muß, könnten Sie statt auf einen Stock auf einen riesengroßen Bleistift aufspießen – und ihn anschließend noch als Taschentuch benutzen. Die afrikanische Maske, die Ihre Frau sich so sehr wünscht, könnte plötzlich Hände bekommen und interessiert in einem Bildband über die Kanarischen Inseln blättern. Und in dem Bildband steckt vielleicht als Lesezeichen ein Ledergürtel!

Sie sehen – es gibt unzählige Kombinationsmöglichkeiten. Ich habe absichtlich nicht alle genannt, um Ihrer Phantasie Spielraum zu lassen. Und nun nehmen Sie sich die Listen noch einmal vor und versuchen Sie, mit Hilfe der kleinen Anregungen, die ich Ihnen gegeben habe, lustige Geschichten daraus zu basteln. Sie werden sehen, daß es jetzt schon viel leichter geht.

Viel Spaß dabei!

Es geht auch ohne Notizen

Bei der nächsten Übung wollen wir uns an Sätze heranwagen. Hierbei kommt es noch nicht darauf an, daß Sie sich die Sätze wortwörtlich merken; es genügt, wenn Sie sich den Inhalt sinngemäß in Bildern einprägen.

Das ist eine Fähigkeit, die Ihnen bei der Arbeit unschätzbare Dienste leisten wird: Schon bald werden Sie in der Lage sein, die Argumente eines Verkaufsgesprächs, den Inhalt eines Vortrags, einer Rede oder einer Präsentation im Kopf zu behalten – das heißt, Sie müssen nicht mehr dauernd in Ihre Notizen sehen, sondern können sich ganz auf den Blickkontakt mit Ihren Zuhörern konzentrieren. Und bei längeren Telefongesprächen müssen Sie in Zukunft nicht mehr hastig mitnotieren, was Ihr Gegenüber am anderen Ende der Leitung alles von Ihnen will – Sie bilden einfach während des Zuhörens blitzschnell Verknüpfungen zwischen den wichtigsten Punkten des Gesprächs und können es dann nachher mühelos wieder abrufen.

Das klingt viel schwieriger, als es in Wirklichkeit ist: Nach einiger Übung werden Sie feststellen, daß Sie fast schon automatisch Verknüpfungen bilden, wenn Sie sich etwas merken müssen. Sie brauchen nicht mehr nach den Assoziationsbildern zu suchen – sie drängen sich Ihnen geradezu auf.

Versuchen wir es einmal:

Der Steuerprüfer kommt. – Die Hängematte ist bequem.

Diese beiden Sätze bilden einen Kontrast. Es ist beim Verknüpfen wie bei der Malerei oder beim Drucken: Je größer der Kontrast, um so besser das Ergebnis. Deshalb habe ich bewußt den ersten Satz aus dem Berufsbereich und den zweiten Satz aus dem Urlaubsbereich gewählt. Durch diese Kontrastwirkung wird das Verknüpfungsbild noch origineller. Gleichzeitig verlassen Sie automatisch die alltäglichen, eingefahrenen Denkgeleise. Sie entwickeln eine Art kreativen Denkstil, wie beim Brainstorming. Sie finden rascher Lösungen.

Nun, was ist Ihnen zum Steuerprüfer und zur Hängematte eingefallen?

Haben wir nicht alle den Wunsch, daß der Steuerprüfer uns möglichst freundlich gesonnen ist? Das ist ein Mann, den niemand gern zum Feind haben möchte. Was liegt also näher, als ihm, wenn er kommt, zuallererst einmal einen schönen, bequemen Platz in der Hängematte anzubieten, um ihn milde zu stimmen? Sehen Sie vor Ihrem geistigen Auge, wie der Steuerprüfer kommt – und dann stellen Sie sich vor, wie Sie ihn auf die Terrasse führen und er es sich in der Hängematte bequem macht.

Wir haben einen großen Auftrag an Land gezogen. – Der Swimmingpool ist 3 m tief.

Sehen Sie Ihren wichtigsten Auftraggeber vor sich, wie er Ihnen einen unterschriebenen Auftrag überreicht – und wie seine Augen sich ungläubig weiten, als Sie die Papiere einfach in den Swimmingpool werfen! Die drei Meter können Sie sich merken, indem Sie sich vorstellen, daß die Meter am Swimmingpoolbecken markiert sind. Sehen Sie, wie der Vertrag langsam in die Tiefe sinkt – zuerst an der Dreimetermarke vorbei, dann an der Zweimetermarke, dann an der Einmetermarke ...

Wir haben soeben eine zusätzliche Marktlücke entdeckt. – Die Pizza schmeckt hervorragend.

Wie stellt man sich «Marktlücke» bildlich vor? Ganz einfach. Sehen Sie einen Markt mit dicht nebeneinanderstehenden Ständen vor sich – nur an einer Stelle ist zwischen den Ständen Platz ausgespart: eine «Marktlücke». Wie wäre es, wenn Sie diesen Platz nutzen würden, um einen Pizzastand aufzumachen? Die Leute werden sich um Sie scharen, weil die Pizza so gut schmeckt.

Der Umsatz steigt und steigt. – Das Surfen macht im Mittelmeer besonders großen Spaß.

Für den steigenden Umsatz könnten Sie sich zum Beispiel eine klingelnde Kasse vorstellen. Und einen Surfer bildlich vor sich zu sehen, bereitet Ihnen sicherlich keine Schwierigkeiten.

Die Japaner stürmen den Weltmarkt mit Mikropozessoren. – Die Taucherbrille paßt wie angegossen.

Zum ersten Satz können Sie sich wieder einen Markt vorstellen, auf den – inmitten von Obst- und Gemüseständen – eine Schar von Japanern stürmt, die Mikroprozessoren in den Händen halten. Und sicherlich fällt Ihnen jetzt auch noch ein, wie man eine gut sitzende Taucherbrille auf originelle Weise in dieses Bild integrieren könnte.

Bei den nächsten drei Beispielen versuchen Sie es nun ganz ohne meine Hilfe:

Seit dem Sinken des letzten Öltankers im Mittelmeer hat die Haifischflossensuppe einen unangenehmen Nachgeschmack. – Morgenstund' hat Gold im Mund.

Die Rindfleischpreise in Südafrika sinken seit der Dürreperiode rapide. – Der Personalmangel in der Gastronomie führte zur Schließung einiger Lokale.

Die Holländer können Pflanzen sehr billig auf den Markt bringen. – Der Verkaufsleiter hat sich einen neuen Mercedes gekauft.

Testen Sie Ihr Gedächtnis!

Beim folgenden Test sind jeweils die ersten Sätze der Satzketten abgedruckt, und Sie sollen den zweiten Satz dazuschreiben. Dabei kommt es – wie gesagt – nicht auf den genauen Wortlaut an, sondern nur auf eine sinngemäße Wiedergabe.

Seit dem Sinken des letzten Öltankers im Mittelmeer hat die Haifischflossensuppe einen unangenehmen Nachgeschmack.

____

____

______________________________ ☐

Der Umsatz steigt und steigt.

____

____

______________________________ ☐

Der Steuerprüfer kommt.

____

____

______________________________ ☐

Die Holländer können Pflanzen billig auf den Markt bringen.

☐

Wir haben einen großen Auftrag an Land gezogen.

☐

Die Rindfleischpreise in Südafrika sinken seit der Dürreperiode rapide.

☐

Die Japaner stürmen den Weltmarkt mit Mikroprozessoren.

☐

Wir haben soeben eine zusätzliche Marktlücke entdeckt.

☐

Was für ein Gefühl haben Sie? Hat alles geklappt? Vergleichen Sie Ihren Test mit der Auflösung:

Seit dem Sinken des letzten Öltankers im Mittelmeer hat die Haifischflossensuppe einen unangenehmen Nachgeschmack. – Morgenstund' hat Gold im Mund.

Der Umsatz steigt und steigt. – Das Surfen macht im Mittelmeer besonders großen Spaß.

Der Steuerprüfer kommt. – Die Hängematte ist bequem.

Die Holländer können Pflanzen billiger auf den Markt bringen als wir. – Der Verkaufsleiter hat sich einen neuen Mercedes gekauft.

Wir haben einen großen Auftrag an Land gezogen. – Der Swimmingpool ist 3 m tief.

Die Rindfleischpreise in Südafrika sinken seit der Dürreperiode rapide. – Der Personalmangel in der Gastronomie führte zur Schließung einiger Lokale.

Die Japaner stürmen den Weltmarkt mit Mikroprozessoren. – Die Taucherbrille paßt wie angegossen.

Wir haben soeben eine zusätzliche Marktlücke entdeckt. – Die Pizza schmeckt hervorragend.

Wie viele Richtige haben Sie?

Seien Sie nicht enttäuscht, wenn es am Anfang nicht mehr als fünf richtige Satzkombinationen sind. Das ist schon ein sehr gutes Ergebnis. Wenn Sie noch ein wenig üben, wird Ihre Fähigkeit, Sätze miteinander zu verknüpfen, allmählich immer besser werden, bis Sie sich zum Schluß ganze Reden mühelos einprägen können.

Hinten im Buch finden Sie zwei Seiten mit jeweils zwölf Kärtchen. Auf jedem Kärtchen steht ein Satz. Schneiden Sie die Kärtchen aus, und spielen Sie mit ihnen das Kreativitätsspiel und das Gedächtnisspiel – erst zu zweit und dann zu dritt, mit ein wenig Übung vielleicht sogar zu viert. Sie können die Kärtchen natürlich auch nach Belieben mit Kärtchen aus anderen Themenbereichen – z.B. «Tätigkeiten», «Büroartikel», «Berufe» usw. – mischen.

Wenn Ihnen die 24 Kärtchen zum Üben nicht reichen, können Sie sich sehr leicht selbst neue Kärtchen basteln, indem Sie Sätze (beispielsweise Schlagzeilen) aus Zeitungen und Zeitschriften ausschneiden und auf Pappkarton aufkleben.

Verlieren Sie bitte beim Üben nicht die Ausdauer. Mit dem Einprägen von Sätzen sind Sie nun schon bei einem sehr fortgeschrittenen Stadium des Gedächtnistrainings angelangt. Das ist eine Fähigkeit, die fleißig geübt sein will. Sie lernen es nicht von heute auf morgen – aber Sie werden von Tag zu Tag beachtliche Fortschritte machen.

Werden Sie ein Verkaufsgenie!

Und jetzt wollen wir uns dem eigentlichen Zweck dieser Übung zuwenden: nämlich dem Einprägen der wichtigsten Punkte einer Ansprache, einer Präsentation, eines Telefonats oder eines Verkaufsgesprächs.

Nun, da es Ihnen gelungen ist, zwei Sätze miteinander zu verknüpfen und sich auf diese Weise einzuprägen, schaffen Sie es auch mit fünf.

Sie glauben mir nicht?

Ich werde es Ihnen beweisen.

Nehmen wir an, Sie möchten einem Kunden die Vorteile eines neuen Autotyps schmackhaft machen. Mit folgenden Argumenten wollen Sie ihn überzeugen:

– **Das Auto verbraucht sehr wenig Benzin.**

– **Der Sitzraum ist groß und bequem.**

– **Es fährt sehr schnell.**

– **Bei Glatteis ist die Rutschgefahr gering.**

– **Das Autoradio ist im Preis inbegriffen.**

Mit den Prinzipien der Gedächtniskunst – bildhafte Vorstellung, Verknüpfung durch Assoziation, Übertreibung – können Sie sich diese fünf Verkaufsargumente spielend leicht einprägen. Stellen Sie sich einfach eine lustige kleine Szene vor:

Sie bieten Ihrem Auto einen Kanister Benzin an; es lächelt souverän und sagt: «Nein, danke, nicht nötig.» Dann öffnet sich automatisch die Autotür, und Sie blicken in einen riesigen, mit komfortablen Ledersesseln und einem kleinen Couchtisch ausgestatteten Sitzraum. Sie setzen sich hinein, und das Auto fährt von selbst los und bewegt sich mit rasender Geschwindigkeit durch die Stadt.

Dann wird es plötzlich kalt. Draußen heult der Wind. Sie blicken aus dem Fenster: Die Straße hat sich in eine spiegelglatte, glitzernde Eisfläche verwandelt! Aber das ist kein Problem für Sie. Sie holen ein Paar Schlittschuhe aus Ihrem Aktenkoffer und schnallen es Ihrem Auto an. Nun bewegt es sich mühelos und mit tänzerischer Eleganz über die Eisfläche, während alle anderen Autofahrer fluchend in ihren schlitternden oder querstehenden Autos sitzen. Dazu ertönt aus dem Autoradio in schallender Lautstärke ein Wiener Walzer.

Sehen Sie diese Szene bildhaft vor sich wie einen Werbespot im Fernsehen. Dann wird es Ihnen nicht schwerfallen, sie im Gedächtnis zu behalten.

Als nächstes stellen Sie sich vor, Sie haben einen Kunden am Telefon. Die wichtigsten Punkte des Gesprächs während des Telefonierens mit fliegender Eile auf einen Notizzettel zu schreiben, lenkt vom Gespräch ab und ist außerdem etwas mühsam, da Sie nur eine Hand frei haben. Es geht doch auch viel einfacher! Während Sie dem Kunden zuhören, verknüpfen Sie seine wichtigsten Aussagen und Wünsche im Geist miteinander und behalten sie auf diese Weise im Gedächtnis.

Ihr Kunde hat folgende Wünsche und Reklamationen:

- **Versehentlich wurde ihm ein Tisch mit schwarzer Platte geliefert.**

- **Er möchte aber einen Tisch mit weißer Platte.**

- **Außerdem ist das Holz zu stark gemasert.**

- **Sie sollen ihm umgehend Ihren neuesten Katalog zuschicken.**

Er freut sich, Sie nächsten Monat auf der Messe sprechen zu können, und bittet um einen Terminvorschlag.

Auch das ist nicht schwer. Stellen Sie sich vor, daß eine schwarze Tischplatte sich plötzlich vor Ihren Augen in eine weiße verwandelt! Und wie lösen Sie das Problem mit der Maserung? Sie können ruhig ein wenig «mogeln». Wenn es Ihnen schwerfällt, sich zu einem sehr speziellen Begriff wie «Holzmaserung» ein originelles Bild auszudenken, wählen Sie doch einfach einen anderen, ähnlichen Begriff, den man sich leichter bildlich vorstellen kann! Stellen Sie sich vor, Ihr Tisch bekommt die Masern. Die weiße Platte ist über und über mit roten Flecken bedeckt. Und vielleicht hebt der Tisch auch noch eines seiner Beine und kratzt sich? Als nächstes verwandelt die Tischplatte sich in einen Katalog, in dem Sie blättern. Sie nehmen den Katalog, gehen damit in die Kirche (Messe) und benutzen ihn als Gebetbuch! (Auch hier wieder eine kleine Begriffsverschiebung: Statt der Möbelmesse, die Ihr Kunde gemeint hat, verwenden Sie in Ihrem Assoziationsbild die Messe in der Kirche. Das ist ein Begriff aus einem völlig anderen Bereich; daher läßt sich damit leichter eine originelle Assoziation bilden.)

Nun möchten Sie einer Waschmittelfirma die Vorteile umweltfreundlicherer Produkte nahebringen:

1. **Die Kunden sind zufrieden, weil sie das Gefühl haben, etwas Gutes für die Umwelt zu tun.**
2. **Daraus resultiert Verkaufserfolg.**
3. **Die Konkurrenz wird abgehängt.**
4. **Die Firma schont die Umwelt, trägt nicht zur Verschmutzung der Flüsse bei.**
5. **Und sie erspart sich Ärger mit Behörden und Umweltschützern.**

Zu *Punkt 1* stellen Sie sich eine glücklich strahlende Hausfrau vor, die am Waschbecken steht und Wäsche wäscht.

Punkt 2: Verkaufserfolg – hier greifen wir wieder zu unserem bewährten Bild der klingelnden Kasse. Die Hausfrau zieht statt eines Wäschestücks eine blitzend saubere Registrierkasse aus dem Waschwasser.

Punkt 3: Abgehängte Konkurrenz – Sie setzen sich an die Registrierkasse und stellen fest, daß sie plötzlich Räder bekommen hat. Sie fahren mit ihr davon. Hinter Ihnen stehen mehrere Männer, die Waschmittelpackungen im Arm halten (die Konkurrenz) und Ihnen wütend nachschauen.

Punkt 4: Gesunde Umwelt – Sie fahren mit der Kasse durch eine herrlich grüne Landschaft, an leuchtendblauen Flüssen vorbei, in denen die Forellen springen.

Punkt 5: Der Umweltminister schüttelt Ihnen die Hand.

Nun versuchen Sie es ohne meine Hilfe!

1. **Sie sollen in einer Präsentation die Vorteile einer Zahnpasta erläutern:**

Sie kräftigt das Zahnfleisch.
Sie schützt vor Paradontose.
Sie hat einen angenehmen Fruchtgeschmack.
Jede Packung enthält eine lustige kleine Tierfigur zum Sammeln für Kinder.
Sie ist sehr preisgünstig.

(Ein kleiner Typ: «Preisgünstig» ist ein weiterer abstrakter Begriff, der schwer zu verbildern ist. Stellen Sie sich dafür irgend etwas Konkretes vor. Sie könnten zum Beispiel einen Pfennig in Ihr Assoziationsbild einbauen . . .)

2. **Sie haben die Aufgabe, einem Publikum das neue mobile Handtelefon zu präsentieren und dessen Vorteile zu erläutern:**

Der moderne Manager muß immer und überall erreichbar sein.
Das neue Handtelefon ermöglicht ihm dies.
Es ist klein und handlich.
Es ist netzunabhängig – man kann von überall aus telefonieren.
Es ist leicht zu bedienen.
Es ist jetzt viel preisgünstiger als früher.

(Dieser Text enthält wieder einige recht abstrakte Aussagen, die Sie in konkrete Bilder «übersetzen» müssen. Überall telefonisch erreichbar sein – dazu malen Sie sich am besten eine möglichst lustige Szene aus. Stellen Sie sich vor, Sie sitzen auf der Toilette, und das Handtelefon, das Sie immer bei sich tragen, klingelt . . . «Netzunabhängig»: Ein Telefonnetz kann man sich schlecht vorstellen, wohl aber ein Fischernetz. Sehen Sie im Geiste, wie Sie es durchschneiden, denn Sie brauchen es nicht mehr! Sie sind «netzunabhängig». «Leicht zu bedienen» – überlegen Sie einmal, welche verschiedenen Bedeutungen das Wort «bedienen» hat. (Bedienen kann man zum Beispiel auch einen Kunden im Restaurant . . .)

3. Sie rufen einen Kunden an. Folgende fünf Punkte möchten Sie ihm mitteilen; es ist wichtig, daß Sie keinen einzigen vergessen:

Sie fahren morgen in Urlaub und werden daher in den nächsten Tagen nicht zu erreichen sein.
Die Bücher, die er bestellt hat, sind bereits abgeschickt.
Der neue Verlagskatalog folgt in wenigen Tagen.
Er soll Sie bei der Frankfurter Buchmesse an Ihrem Stand besuchen.
Ihr gerade erschienenes Gartenbuch verkauft sich ausgezeichnet und ist sehr zu empfehlen.

Testen Sie Ihr Gedächtnis!

Wir drucken nun jeweils den ersten Satz der sechs Texte ab. Schreiben Sie die anderen vier Sätze in die leeren Zeilen!

Und vergessen Sie nicht: Die Sätze müssen nur sinngemäß stimmen. Bemühen Sie sich nicht um den genauen Wortlaut.

Die Zahnpasta kräftigt das Zahnfleisch. ____________________

____

____

____ ☐

Das Auto verbraucht sehr wenig Benzin.

☐

Sie fahren morgen in Urlaub und werden daher in den nächsten Tagen nicht zu erreichen sein.

☐

Versehentlich wurde dem Kunden ein Tisch mit schwarzer Platte geliefert.

☐

Der moderne Manager muß immer und überall erreichbar sein.

☐

Die Kunden der Waschmittelfirma sind zufrieden, weil sie das Gefühl haben, etwas Gutes für die Umwelt zu tun.

Und nun blättern Sie zurück und vergleichen Sie Ihre Sätze mit den Originaltexten.

Sehen Sie – es geht tatsächlich ohne Notizen! Ihr Gedächtnis ist der beste Notizblock – denn das haben Sie immer bei sich. Sie müssen nur lernen, darauf zu schreiben.

Aber mit diesen sechs Übungen ist es natürlich noch nicht getan. Um die Fähigkeit zu erlernen, lustige kleine Szenen zu erfinden, müssen sie noch fleißig üben. Filmregisseure fallen nicht vom Himmel!

Üben Sie mit einem Freund oder Kollegen. Erfinden Sie Präsentationstexte, Ansprachen, Vorträge und Verkaufsargumente, und suchen Sie gemeinsam nach möglichst originellen Verknüpfungen. Beginnen Sie mit vier oder fünf Sätzen und steigern Sie den Schwierigkeitsgrad dann allmählich bis auf sechs oder gar sieben. Wenn Sie mit Ihrer Frau oder einem Freund telefonieren, verknüpfen Sie nur so zum Spaß – um zu sehen, ob es Ihnen gelingt – die wichtigsten Punkte des Gesprächs zu lustigen Bildern. Und dann versuchen Sie sich eine Stunde später den Inhalt des Telefonats noch einmal ins Gedächtnis zurückzurufen.

Wenn Sie darin ein wenig Routine haben, können Sie es auch bei wichtigeren Telefongesprächen wagen. Außerdem sind Sie nun bestens gerüstet für unseren nächsten Schwierigkeitsgrad – das Einprägen von Namen und Gesichtern!

Übungen zur Konzentrationssteigerung

Wie kommt es zu Lernschwierigkeiten? Woran liegt es, daß Sie einen Text – ja, häufig sogar nur einen einzigen Satz – mehrmals lesen und ihn trotzdem nicht behalten können?

Das Zauberwort heißt Konzentration. Wenn Sie während des Lesens durch andere Dinge abgelenkt werden, ist der Lernerfolg mit Sicherheit sehr gering. Sie müssen also zunächst einmal alle Ablenkungen und Störfaktoren ausschalten: Sie brauchen einen Platz, wo Sie in Ruhe lernen können. Aber das allein genügt noch nicht. Auch Ihre eigenen Gedanken sind potentielle Ablenkungen. Diese leidvolle Erfahrung haben Sie sicherlich schon oft gemacht: Sie lesen, und dabei fällt Ihnen irgendeine Episode aus der Vergangenheit ein, oder Sie überlegen sich, was Sie morgen früh alles erledigen müssen ... Und schon ist die Konzentration beim Teufel.

Das ist gerade in unserer heutigen schnellebigen Zeit, in der täglich tausend verschiedene Dinge auf uns einstürmen, ein weitverbreitetes Problem, an dem viele Menschen leiden. Mir fällt dazu die Geschichte eines Zen-Mönchs ein, die treffend veranschaulicht, wo das Problem liegt:

Ein in Meditation erfahrener Mann wurde einmal gefragt, warum er trotz seiner vielen Beschäftigungen immer so gesammelt sein könne. Er antwortete:

Wenn ich stehe, dann stehe ich
wenn ich gehe, dann gehe ich
wenn ich sitze, dann sitze ich
wenn ich esse, dann esse ich
wenn ich spreche, dann spreche ich ...

Da fielen ihm die Fragesteller ins Wort und sagten:

Das tun wir auch, aber was machst du noch darüber hinaus?

Er sagte wiederum:

Wenn ich stehe, dann stehe ich
wenn ich gehe, dann gehe ich
wenn ich sitze, dann sitze ich
wenn ich esse, dann esse ich
wenn ich spreche, dann spreche ich ...

Wieder sagten die Leute:

Das tun wir doch auch.

Er aber sagte zu ihnen: Nein.
Wenn ihr sitzt, dann steht ihr schon
wenn ihr steht, dann lauft ihr schon
wenn ihr lauft, dann seid ihr schon am Ziel ...

«Wenn ich stehe, dann stehe ich ...» – leichter gesagt als getan! Es bedarf ausdauernder Konzentrationsübungen, um das zu erreichen und unsere ständig abschweifenden Gedanken in den Griff zu bekommen. Aber es lohnt sich, denn Konzentration ist die erste und wichtigste Voraussetzzung für das Lernen und für die Verbesserung unseres Gedächtnisses.

Versuchen Sie einmal, sich auf einen optischen und einen akustischen Eindruck gleichzeitig intensiv zu konzentrieren. Schieben Sie alle Gedanken, die sich dazwischendrängen, sofort energisch beiseite:

Sehen Sie in Gedanken eine Uhr mit einem großen Pendel vor sich, das im Rhythmus des Tick-Tack, Tick-Tack hin und her schwingt. Schließen Sie die Augen, sehen Sie das Pendel schwingen und hören Sie gleichzeitig das Ticken der Uhr.

Oder sehen Sie vor Ihrem geistigen Auge einen Mann, der in regelmäßigen Abständen auf einen Gong schlägt. Sehen Sie seine Bewegungen in allen Details vor sich und hören Sie dabei den Gong.

Stellen Sie sich einen Wasserfall vor, sehen Sie das fallende Wasser und hören Sie gleichzeitig das Rauschen.

Halten Sie diese Bilder so lange wie möglich auf Ihrer inneren Filmleinwand fest. Versuchen Sie es von Tag zu Tag ein wenig länger: erst eine Minute, dann zwei, dann drei, schließlich vielleicht sogar fünf ...

Wenn Sie diese Vorübungen gemeistert haben, gehen Sie einen Schritt weiter und versuchen Sie Ihre Gedanken bewußt zu steuern.

Schließen Sie die Augen und fassen Sie einen einzigen Gedanken – am besten einen positiven, zum Beispiel: «Ich freue mich auf den heutigen Tag» oder «Mir wird heute alles gelingen, was ich mir vorgenommen habe.» Versuchen Sie, diesen einen Gedanken eine Zeitlang festzuhalten, ohne an etwas anderes zu denken. Nach einigem Üben wird es Ihnen gelingen, sich so stark auf diesen Gedanken zu konzentrieren, daß die dazu passende gehobene, optimistische Stimmung sich wie von selbst einstellt.

Aber werden Sie bitte nicht ungeduldig, wenn sich anfangs immer wieder andere Gedanken dazwischenschieben. Nur Übung macht den Meister!

Wenn Sie diese Übungen regelmäßig wiederholen, wird es Ihnen ganz automatisch auch beim Lernen und im täglichen Berufsalltag allmählich immer leichter fallen, sich zu konzentrieren. Auch bei weniger interessanten Arbeiten oder Lernstoffen wird es Ihnen gelingen, Ihre Gedanken «im Zaum zu halten».

Und zum Abschluß noch ein Tip: Wenn es Ihnen einmal passieren sollte, daß Sie sich beim besten Willen nicht auf eine Arbeit konzentrieren können, weil sich ein anderer Gedanke immer wieder hartnäckig dazwischenschiebt, unterbrechen Sie Ihre Arbeit und denken Sie diesen Gedankengang erst einmal zu Ende, machen Sie sich eventuell auch ein paar Notizen dazu. Dann können Sie sich in Ruhe wieder Ihrer Arbeit zuwenden.

Nehmen Sie sich den Zen-Mönch zum Vorbild! Tun Sie eine Sache mit voller Konzentration und gehen Sie erst dann zur nächsten über. (Das ist übrigens auch eine große Hilfe, wenn Sie abends nicht einschlafen können, weil Ihnen zu viele Gedanken im Kopf herumgehen. Legen Sie sich einen Notizblock auf den Nachttisch! Das beruhigt ungemein!)

4.

Haben Sie ein gutes Personengedächtnis?

Sicher ist es Ihnen auch schon oft so gegangen: Jemand grüßt Sie; sein Gesicht kommt Ihnen bekannt vor, aber Sie können sich beim besten Willen nicht mehr an seinen Namen erinnern.
Gerade im Umgang mit Kunden und Mitarbeitern ist es wichtig, ein gutes Namensgedächtnis zu haben. Wie man es sich erwirbt, lernen Sie in diesem Kapitel. Wenn Sie dieses Personengedächtnistraining absolviert haben, werden selbst Namen wie «Przewalski» kein Problem mehr für Sie sein!

Wie prägt man sich Namen und Gesichter ein?

Meist vergessen wir Namen leichter als Gesichter, weil unser Gedächtnis sich Bilder leichter einprägen kann als abstrakte Lautgebilde.

Beginnen wir also mit dem leichteren Teil dieses Trainings – mit dem Einprägen von Gesichtern.

Mit ein paar einfachen Übungen können Sie Ihren Blick für Gesichter schärfen. Das ist die erste und wichtigste Voraussetzung zur Verbesserung Ihres Personengedächtnisses.

Betrachten Sie von jetzt ab jeden Menschen, mit dem Sie zu tun haben, ganz genau. Beginnen Sie Gesichter zu studieren. Wenn Sie im Bus, in der Straßenbahn oder in einem Wartesaal sitzen, mustern Sie unauffällig das Gesicht Ihres Gegenübers. Macht es einen sympathischen oder unsympathischen Eindruck auf Sie? Warum? Ist der Mensch, der vor Ihnen sitzt, wohl gut oder schlecht gelaunt, glücklich oder unglücklich?

Diese Übung hat gleichzeitig den Vorteil, daß sie Ihre Beobachtungsgabe schärft und vielleicht auch Ihre Menschenkenntnis ein wenig verbessert.

Was fällt Ihnen an dem Gesicht besonders auf? Hat Ihr Gegenüber besonders buschige Augenbrauen, hohe Backenknochen, tief eingegrabene Falten auf der Stirn und um den Mund? Sind die Augenbrauen in der Mitte zusammengewachsen? Achten Sie auf die Form von Gesicht, Nase, Mund, Augen und Haaransatz. Auch Frisur und Augenfarbe sind wichtig!

Registrieren Sie alle Besonderheiten und versuchen Sie dann zu entscheiden, welches Merkmal Ihnen bei diesem Gesicht am hervorstechendsten erscheint.

Nun schließen Sie die Augen oder schauen Sie eine Minute lang aus dem Fenster und versuchen Sie das Gesicht des Menschen ganz deutlich in allen Details vor Ihrem inneren Auge zu sehen. Halten Sie es möglichst lange und intensiv auf Ihrer inneren Filmleinwand fest.

Das gleiche können Sie auch beim Lesen von Illustrierten oder abends vor dem Fernseher tun. Es ist eine gute Übung, die nicht viel Zeit in Anspruch nimmt, sondern praktisch «wie von selbst» geht. Wenn Sie sie regelmäßig praktizieren, werden Sie bald merken, daß Ihr Blick für Details sich geschärft hat, daß Ihnen an Menschen – und auch an Ihrer Umgebung – Dinge auffallen, auf die Sie früher nie geachtet hätten. Diese Fähigkeit kommt Ihnen sicher nicht nur bei der Verbesserung Ihres Personengedächtnisses zugute.

Wenn Sie diesen Schritt gemeistert haben, können wir uns dem schwierigeren Teil unseres Personengedächtnistrainings zuwenden: dem Einprägen von Namen.

Manche Namen sind leicht zu merken, weil man sich darunter etwas vorstellen kann – zum Beispiel Namen wie Müller, Schneider, Bäcker, Wolf, Fuchs, Vogel usw. Bei vielen dieser Namen handelt es sich um Tier- oder Berufsbezeichnungen.

Dann gibt es zusammengesetzte Namen wie Hausmann, Rosenberg, Steinecke. Sie sind zwar schon etwas schwerer zu merken, aber unser Gedächtnis bewegt sich trotzdem immer noch auf vertrautem Boden, weil diese Namen doch wenigstens aus konkreten Begriffen bestehen, die man sich bildhaft vorstellen kann.

Schwierig wird es erst bei Namen, die gar nichts bedeuten oder vielleicht sogar «unaussprechlich» sind wie zum Beispiel Boskowskij, Iordannis, Bussek usw. Hier läßt unser Gedächtnis uns häufig im Stich. Es ist mit dem Einprägen dieser Laute, die überhaupt keine erkennbare Bedeutung haben, einfach überfordert.

Dieses Problem können wir nur lösen, indem wir unsere rechte Gehirnhälfte – den Sitz unserer Phantasie – ein wenig auf Trab bringen.

Sprechen Sie den Namen, der Ihnen Schwierigkeiten bereitet, einmal laut vor sich hin. Versuchen Sie ein deutsches Wort zu finden, das so ähnlich klingt wie dieser Name (es können auch mehrere Wörter sein). Die Ähnlichkeit muß nicht unbedingt sehr groß sein – schon die entfernteste Klangverwandtschaft wird Ihnen helfen, den Namen in Ihrem Gedächtnis zu verankern.

Probieren wir es einmal mit «Iordannis». Welche Wörter fallen Ihnen dazu ein?

Ich als geübter Gedächtnistrainer habe bei diesem Namen auf Anhieb an «Jordan» und «niesen» gedacht. Und mir ist auch gleich eine kleine Geschichte dazu eingefallen: Herr *Iordannis* schwimmt durch den *Jordan,* erklältet sich dabei und fängt an zu *niesen.*

Wie sieht es mit Boskowskij aus?

Dieser Name klingt für mich wie «Boss» – «Kopf» – «Ski». Herr *Boskowskij* ist mein Chef *(Boss).* Er fährt gern *Ski.* Aber leider schlägt er sich dabei oft den *Kopf* an.

Und was machen wir mit dem Namen Bussek?

Ganz einfach. Der *Bus* wartet am *Eck* auf Frau *Bussek.* Aber sie erreicht ihn nicht mehr, denn sie hat sich verspätet.

Das ist die sogenannte Ersatzwortmethode. Man ersetzt den Namen durch ein Wort oder mehrere Wörter, die eine konkrete Bedeutung haben und die man sich daher auch bildlich vorstellen kann.

Je unsinniger Ihre Ersatzwörter sind, um so leichter werden Sie sich die Namen einprägen können. Am Anfang fällt es Ihnen vielleicht noch etwas schwer, sich solche Ersatzwörter auszudenken; doch mit der Zeit werden Sie immer erfinderischer. Durch Übung kommen Sie nach und nach auf die verschiedensten Kombinationsmöglichkeiten. Und bald werden Sie soweit sein, daß Ihnen, sobald Sie einen Namen hören, ganz von allein ein Ersatzwort dazu einfällt!

Damit Sie ein wenig Routine bekommen, habe ich aus dem Telefonbuch zehn Namen für Sie herausgesucht. Versuchen Sie Ersatzwörter für diese Namen zu finden und schreiben Sie sie in die leeren Zeilen neben den Namen. (Wenn Sie noch einen Schritt weitergehen möchten, können Sie Ihre Ersatzwörter auch gleich zu einer lustigen Geschichte verbinden).

Bandello – ____________________

Kolloch – ____________________

Klapheck – ____________________

Meisnest – ____________________

Rommel – ____________________

Dekorsky – ____________________

Koufalis – ____________________

Meulen – ____________________

Holzwarth – ____________________

Dorant – ____________________

Nun, ist es Ihnen schwergefallen?

Seien Sie nicht entmutigt, wenn Ihnen zu einigen Namen nichts eingefallen ist. Die Ersatzwortmethode ist neu für Sie, und Sie brauchen schon noch ein wenig Übung, ehe Sie sie richtig beherrschen.

Ich will Ihnen nun verraten, welche Ersatzwörter und Geschichten mir zu den zehn Namen eingefallen sind. Lesen Sie diese Vorschläge aufmerksam durch und versuchen Sie die Situation deutlich und bildhaft vor Ihrem geistigen Auge zu sehen. Dann wird Ihnen die nächste Übung schon viel leichter fallen.

Bandello: Herr *Bandello* spielt leidenschaftlich gern *Cello*. Und damit er sein geliebtes Cello nicht verliert, hängt er es sich immer an einem *Band* um den Hals.

Kolloch: Herr *Kolloch* schaufelt *Kohle* in ein *Loch*.

Klapheck: Herr *Klapheck* hat eine geniale Erfindung gemacht – die herunterklappbare Hecke! Wenn er freie Aussicht haben möchte, *klappt* er seine Garten*hecke* einfach herunter. Und wenn er unbeobachtet sein will, klappt er sie wieder hoch.

Meisnest: Frau *Meisnest* findet *Mais* in einem Vogel*nest* und kocht daraus eine leckere Suppe.

Rommel: Frau *Rommel* ist das *Mehl* ausgegangen. Sie fährt nach *Rom*, um neues zu kaufen.

Dekorsky: Herr *Dekorsky* fährt ebensogern *Ski* wie Herr Boskowski. Er *deckt* aber dabei seine *Ohren* mit einem Ohrenschützer ab, weil sie so empfindlich sind.

Koufalis: Stellen Sie sich doch einmal vor, daß eine *Kuh* an einem *Pfahl* angebunden *ist*.

Meulen: Ich ginge *meilen*weit, um Herrn *Meulen* wiederzusehen!

Holzwarth: Der Winter ist vorzeitig eingebrochen; es ist kalt. Nun *wartet* Herr *Holzwarth* darauf, daß der Händler ihm *Holz* bringt.

Dorant: Herr *Dorant* riecht manchmal etwas streng. Er benutzt nämlich kein *Deodorant*.

Alles klar?
Dann dürfen Sie sich jetzt an unsere nächste Übung wagen.

Ein Blick ins Fotoalbum

Nun wissen Sie, wie man sich Namen und Gesichter leicht einprägt.

Jetzt müssen Sie nur noch eine Brücke zwischen Name und Gesicht schlagen.

Das ist nicht schwer. Erinnern Sie sich noch daran, daß ich Ihnen geraten habe, bei jedem Gesicht auf irgendein besonders auffallendes, hervorstechendes Merkmal zu achten?

Dieses Training können Sie sich jetzt zunutze machen. Vielleicht können Sie sich schon denken, wie? Sie wissen ja: Unser Gedächtnistraining beruht auf dem Prinzip der Assoziation, der Verknüpfung.

Stellen Sie einfach eine möglichst lustige Assoziation zwischen Ihren Ersatzwörtern und dem hervorstechenden Merkmal her, das Ihnen aufgefallen ist. Dann fällt Ihnen, wenn Sie in Zukunft das Gesicht dieses Menschen sehen, sofort der Name ein, und wenn Sie den Namen hören, haben Sie automatisch das Gesicht vor Augen.

Wenn Ihnen wirklich beim besten Willen kein markanter Punkt im Gesicht eines Menschen auffällt, können Sie sich auch auf andere Eigenheiten stützen, zum Beispiel auf Sprechweise, Gangart oder Haltung.

Ich habe mein altes Familienalbum hervorgekramt und sechzehn Fotos zum Üben für Sie herausgesucht. Bei den ersten acht Gesichtern gebe ich Ihnen noch ein paar Vorschläge mit auf den Weg, wie man Name und Gesicht verknüpfen könnte. Aber daran brauchen Sie sich natürlich nicht zu halten. Die Ersatzwortmethode ist etwas sehr Individuelles; jedem fällt, wenn er ein Gesicht betrachtet, etwas anderes auf, und für jeden Namen gibt es unzählige Ersatzwörter.

Also betrachten Sie meine Kommentare zu den Gesichtern bitte nur als Denkanstoß, als kleine Anregung. Unter den Fotos finden Sie jeweils leere Zeilen, in die Sie Ihre eigenen Ersatzwörter und Assoziationen schreiben können.

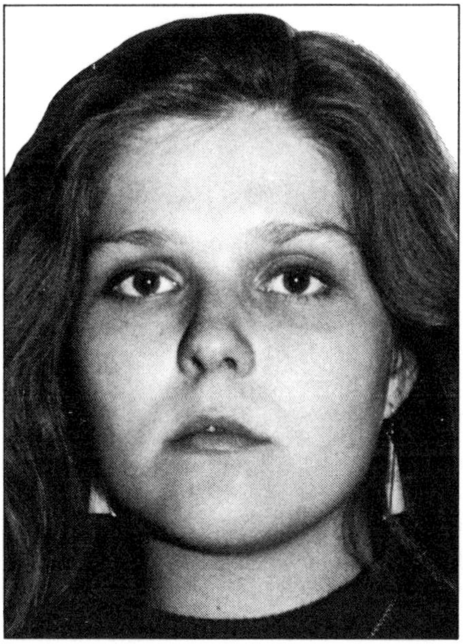

Frau Pelzel

Was fällt Ihnen an Frau *Pelzel* auf? Vielleicht ihr schönes, volles, welliges Haar? Dann stellen Sie sich doch einfach vor, daß sie sich dieses Haar im Winter wie einen warmen *Pelz* um den Hals legt.
Oder ist Ihnen eine andere Assoziation eingefallen?

____

____

____

____

Herr Lechner

Was fällt Ihnen zu Herrn *Lechner* ein? Nun, mir fällt an seinem Gesicht zuerst der gutmütige Ausdruck in den Augen und das freundliche Lächeln auf. Und das paßt ja auch sehr gut zu seinem Namen! Lechner klingt so ähnlich wie *«lächeln»*. Wenn Ihnen etwas anderes eingefallen ist, tragen Sie es unten ein.

____

____

____

____

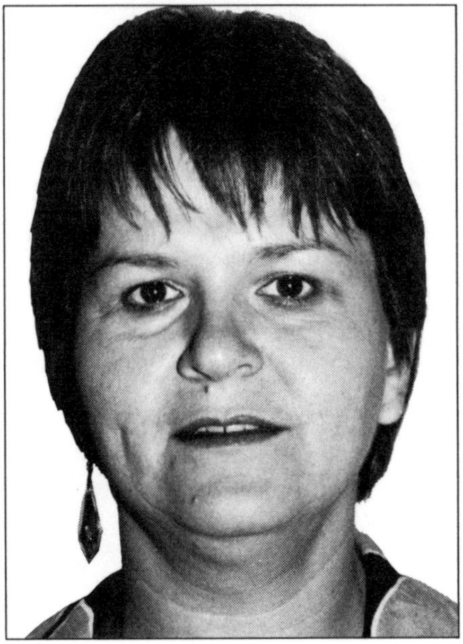

Frau Stoller

Sehen Sie sich ihre wohlgerundeten Backen und das genießerische Grübchen an.
Stellen Sie sich vor, daß sie gerade einen *Stollen* gebacken hat und jetzt gleich hineinbeißen wird.
Paßt das nicht sehr gut zu ihrem Gesicht?
Aber Sie können sich den Namen natürlich auch anders merken:

____

____

____

____

Herr Zaneko

Mich beeindruckt an diesem Gesicht vor allem das breite Lachen mit den kräftigen, gesunden Zähnen. Also baue ich mir eine Eselsbrücke daraus: Herr *Zaneko* schafft es schon mit einem einzigen *Zahn* mühelos, aus einem Kuchen eine *Ecke* herauszubeißen!
Und was ist Ihnen eingefallen?

____

____

____

____

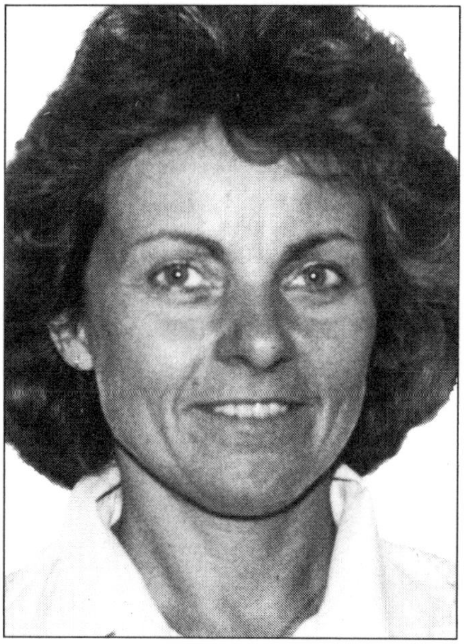

Frau Schaffitz

An ihr fällt mir zuerst der strahlende, optimistische Gesichtsausdruck auf. Sogar wenn sie gestreßt ist und sehr viel Arbeit hat, *schafft* sie es noch, ihre Kollegen mit *Witzen* aufzumuntern!
Aber natürlich kann man den Namen «Schaffitz» auch in andere Ersatzwörter zerlegen:

Herr Koch

Am nächsten Wochenende will Herr *Koch* seiner Frau und seinen Kindern das Mittagessen *kochen.* Aber er muß sich vorher rasieren, damit seine Barthaare nicht in den Kochtopf fallen!
Was fällt Ihnen zu Herrn Koch ein?

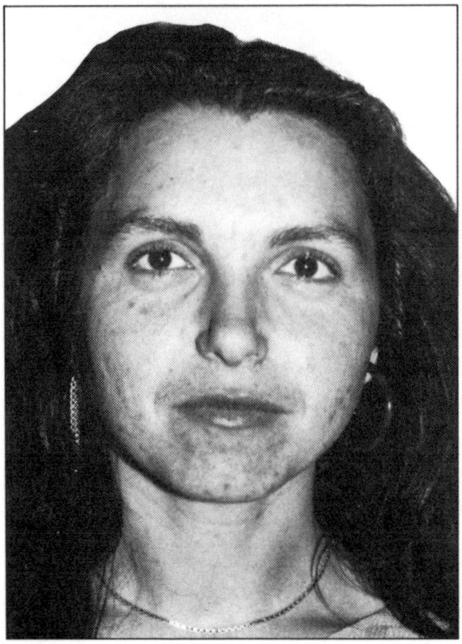

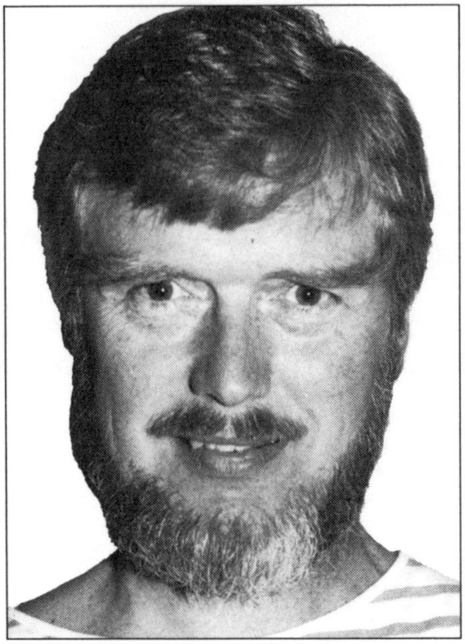

Frau Dimakis

Mit ihrem langen schwarzen Haar und ihren schmalgeschnittenen schwarzen Augen ist sie eine imposante Erscheinung. Stellen Sie sich vor, wie die Männer sich nach ihr umdrehen und sagen: *«Die mag ich!»*

Herr Winkler

Seine Augenbrauen sind sehr gerade. Sie bilden zur Nase einen rechten *Winkel*.
Da fällt Ihnen sicher noch eine andere Assoziation ein:

Schauen Sie sich die Namen und Gesichter noch einmal kurz an. Lesen Sie auch die Assoziationen, die Sie in die leeren Zeilen eingetragen haben, aufmerksam durch. Sehen Sie diese Bilder vor Ihrem geistigen Auge? Dann machen Sie fünf Minuten Pause, und anschließend dürfen Sie Ihr Personengedächtnis testen.

Auf den folgenden Seiten finden Sie die acht Gesichter in veränderter Reihenfolge und ohne Namen wieder.

Wenn Sie die Gesichterübung gründlich und gewissenhaft gemacht haben, müßte Ihnen jetzt bei jedem Gesicht automatisch der dazugehörige Name einfallen. Denn Name und Gesicht sind in Ihrem Geist jetzt untrennbar miteinander verknüpft.

Schreiben Sie die Namen in die leeren Zeilen unter den Fotos!

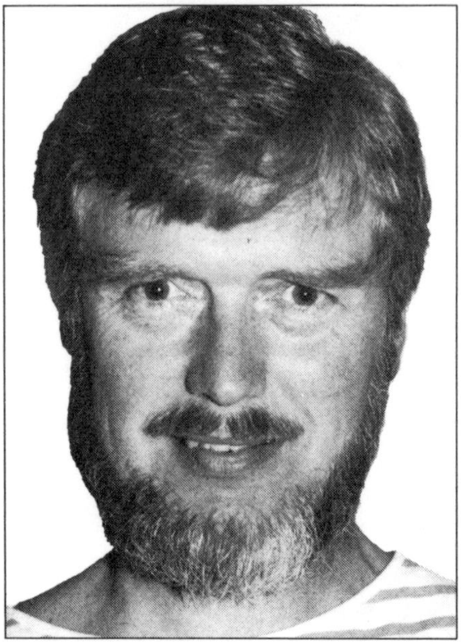

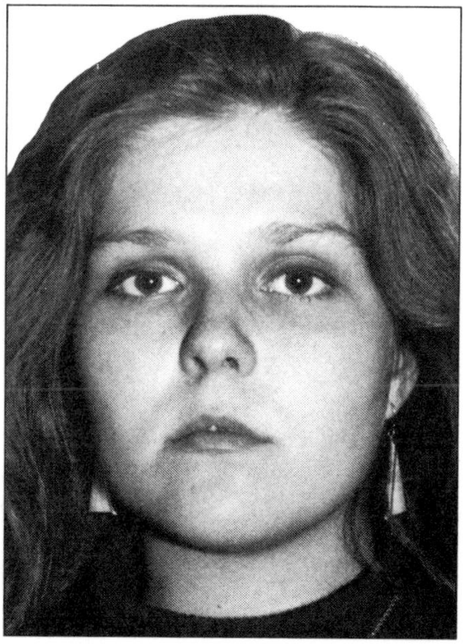

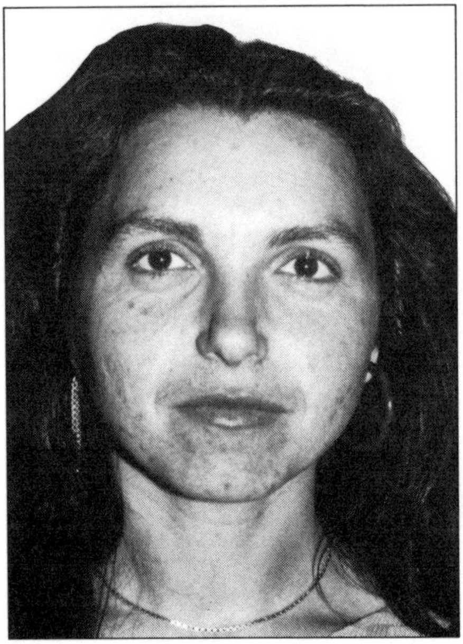

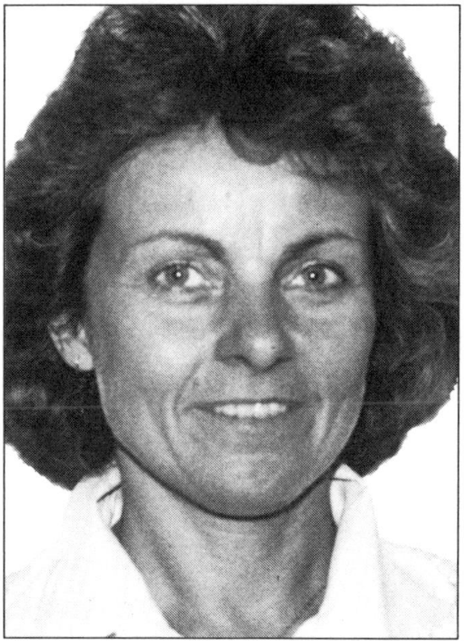

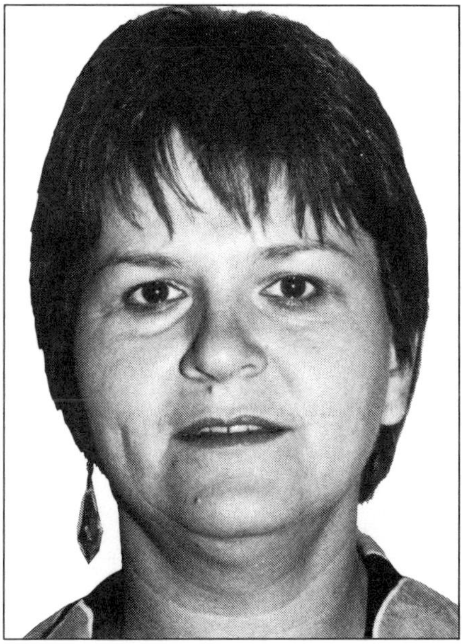

Wie viele Gesichter haben Sie noch richtig gewußt?

Sechs bis acht «Richtige» sind ein sehr gutes Ergebnis. Aber Sie brauchen auch nicht enttäuscht zu sein, wenn es weniger waren. Sie haben nämlich gleich noch einmal Gelegenheit zum Üben.

Auf den nächsten Seiten habe ich wieder acht interessante Gesichter für Sie zusammengestellt. Diesmal gebe ich Ihnen aber keine Assoziationshilfen mehr. Sie haben inzwischen schon genügend Phantasie, um sich selbst treffende Ersatzwörter und Verknüpfungen auszudenken!

Schreiben Sie Ihre Assoziationen in die leeren Zeilen unter den Fotos. Dann schauen Sie sich alle Gesichter noch einmal kurz an und versuchen Sie dabei Ihre Assoziationsbilder deutlich und plastisch vor Ihrem inneren Auge zu sehen.

Anschließend machen Sie den Test auf den Seiten 121 bis 124.

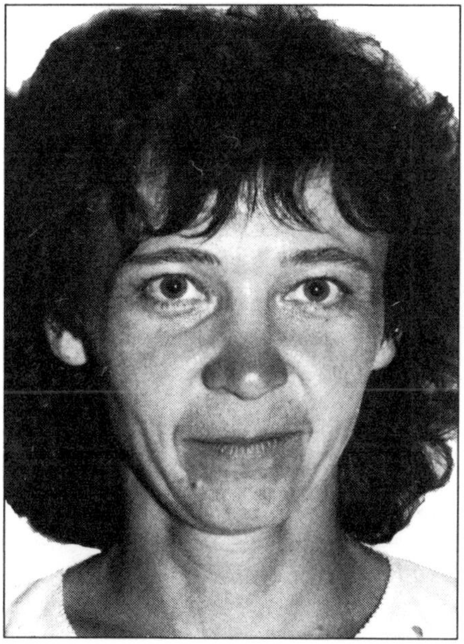

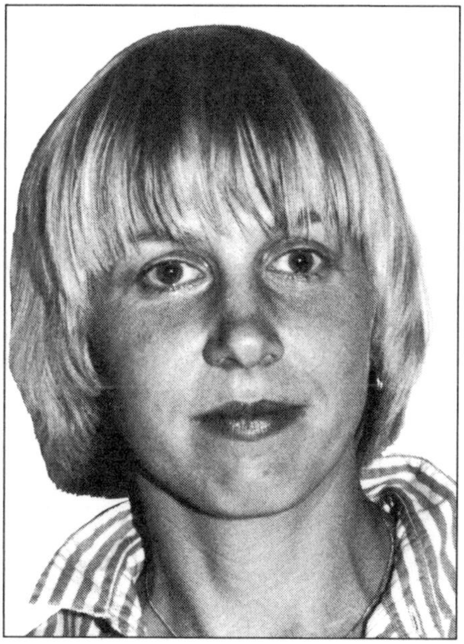

Frau Beh

Frau Pietsch

 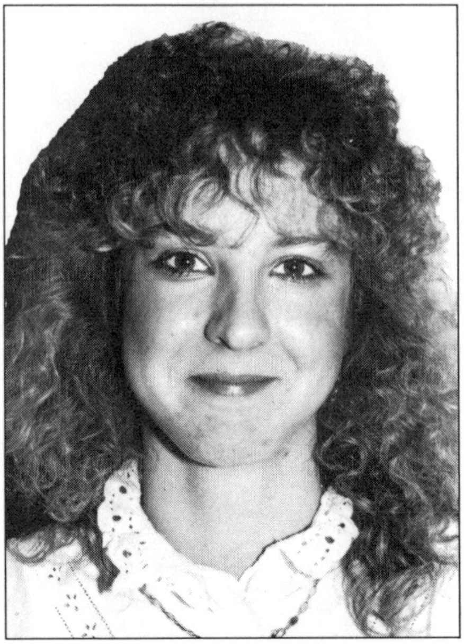

Herr Reiser

Frau Kennedy

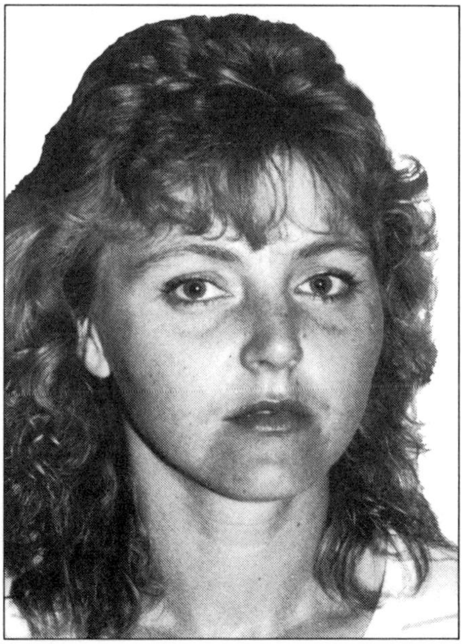

Herr Beck

Fräulein Schneider

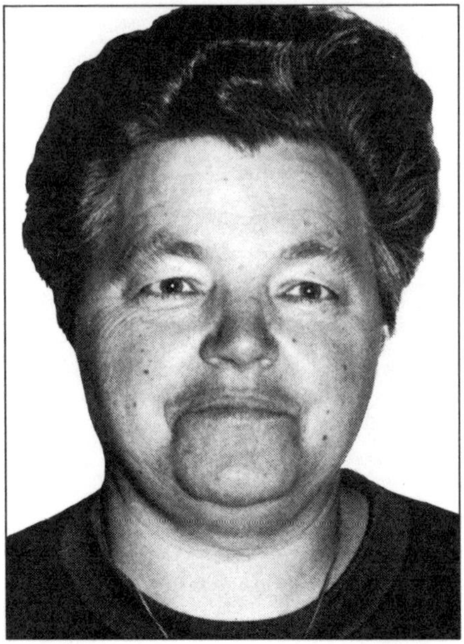

Herr Stumpp

Frau Geiger

Und nun haben Sie wieder Gelegenheit, Ihr Personengedächtnis zu testen.

Auf den nächsten Seiten finden Sie die acht Gesichter ohne Namen wieder. Und zusätzlich auch noch in etwas veränderter Reihenfolge. Schließlich will ich es Ihnen nicht allzu leicht machen!

Schauen Sie sich die acht Fotos an, versuchen Sie sich Ihre Assoziationsbilder wieder ins Gedächtnis zurückzurufen und schreiben Sie die Namen in die leeren Zeilen.

Viel Glück!

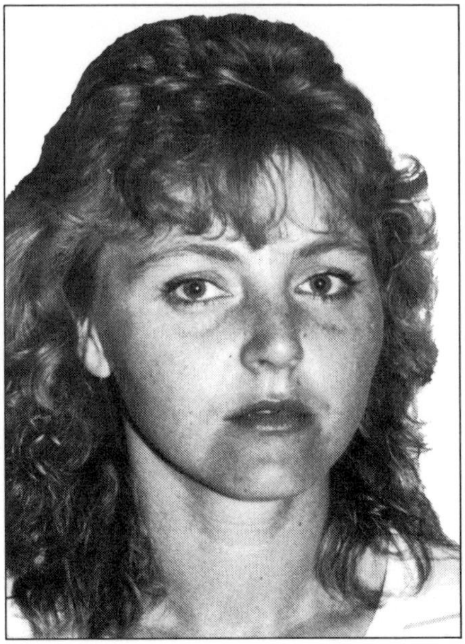

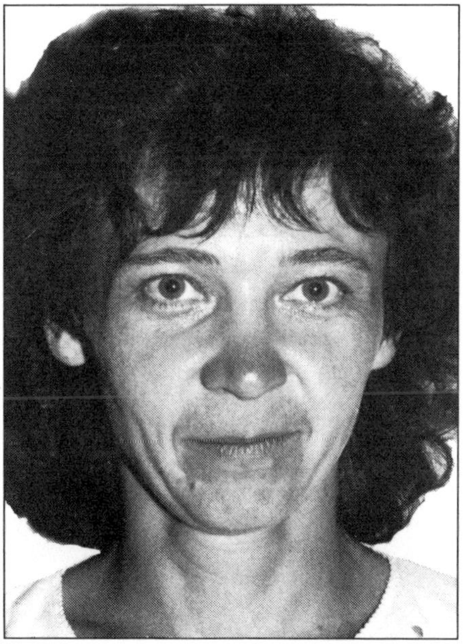

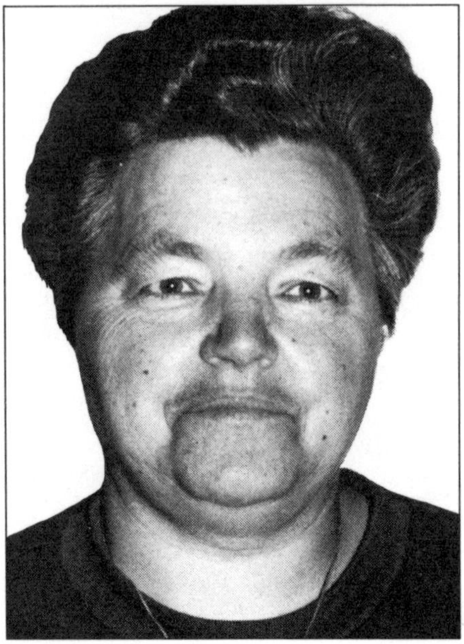

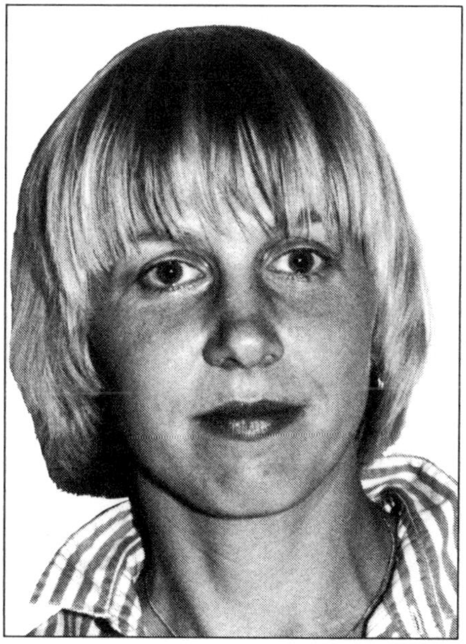

Wie viele Richtige hatten Sie diesmal? Sind Sie mit Ihrem Ergebnis zufrieden?

Oder fällt es Ihnen immer noch ein wenig schwer, Ersatzwörter zu finden?

Dann will ich Ihnen ein bißchen auf die Sprünge helfen:

Mit etwas Phantasie können Sie sich vorstellen, daß die weitgeschwungenen Nasenflügel von Frau *Beh* wie ein *B* geformt sind. Oder Sie sehen vor Ihrem geistigen Auge, wie sie Ihnen die Zunge herausstreckt und *«bäh»* macht.

Bei Frau *Pietsch* stellen Sie sich die glatten, kräftigen Haare einfach als *Peitschen*schnüre vor.

Herr *Reiser reist* gern. Und mit seinem freundlichen, breiten Lachen macht er sich auch überall sofort Freunde. Wo er auch hinkommt – er ist immer gern gesehen.

Frau *Kennedy:* Ein junger Mann möchte ihre Bekanntschaft machen, weil er sie so hübsch findet. Er versucht es auf die altbekannte Tour: «Haben wir uns nicht schon einmal irgendwo gesehen . . .» Im bayrischen Dialekt hört sich das so an: *«Kenn i' di'?»*

Herr *Beck:* Seine runden Brillengläser haben genau die Form der Brötchen, die Sie morgens immer beim *Bäcker* holen. Stellen Sie sich anstelle der Brillengläser Brötchen vor. Dann werden Sie seinen Namen und sein Gesicht bestimmt nicht wieder vergessen.

Fräulein *Schneider* ist sehr stolz auf ihre langen, lockigen Haare. Sie will sie nicht *schneiden* lassen.

Herr *Stumpp:* Auf seiner breiten Glatze ist viel Platz. Stellen Sie sich vor, daß er einen Baum*stumpf* darauf trägt.

Frau *Geiger:* Klemmen Sie ihr in Gedanken doch einfach eine *Geige* unter ihr kräftiges Kinn.

Wenn Sie jetzt noch weiterüben möchten, können Sie sich leicht selbst Übungen zusammenbasteln: Schneiden Sie Gesichter aus Zeitungen und Illustrierten aus, kleben Sie sie auf Papierbögen, suchen Sie willkürlich Namen aus dem Telefonbuch dazu heraus und schreiben Sie die Namen auf die Rückseite. Dann versuchen Sie sich die Gesichter und die Namen einzuprägen.

Wenn Sie diese Übung öfters wiederholen, werden Sie bald ein perfektes Personengedächtnis haben.

Wenn Sie viele Kunden oder Mitarbeiter haben, deren Namen Sie sich einprägen möchten, so sprechen Sie die Namen langsam und deutlich auf Kassette auf und hören Sie sich die Kassette abends, wenn Sie entspannt in Ihrem Sessel sitzen, an. Versuchen Sie sich bei jedem Namen das dazugehörige Gesicht vorzustellen. Das ist vor allem bei ausländischen oder schwer zu merkenden Namen eine große Hilfe.

Und vor allem: Hören Sie immer genau auf den Namen, wenn Ihnen jemand vorgestellt wird. Falls Sie den Namen nicht richtig verstanden haben, fragen Sie sofort nach. Und dann versuchen Sie im Geist blitzschnell ein Ersatzwort zu finden und eine Assoziation zwischen Ersatzwort und Gesicht herzustellen. Machen Sie das grundsätzlich so – selbst wenn der Name der betreffenden Person für Sie gar nicht wichtig ist. Das ist eine ausgezeichnete Übung.

Falls Sie am Anfang noch Schwierigkeiten haben, geeignete Assoziationen zu finden, wird Ihnen schon die Suche nach einer Assoziation dabei helfen, sich das Gesicht und den Namen einzuprägen. Denn um ein hervorstechendes Merkmal an einem Gesicht zu entdecken, sind Sie gezwungen, es intensiv zu studieren; und um ein Ersatzwort für einen Namen zu finden, müssen Sie genau hinhören und sich auf den Namen konzentrieren. Häufig ist die Suche schon der Weg zum Ziel.

Wenn Sie einen Menschen gerade erst kennengelernt haben, wiederholen Sie im Gespräch öfter einmal seinen Namen. Dadurch prägt er sich leichter ein. Außerdem macht es auf Ihren Gesprächspartner bestimmt einen positiven Eindruck, wenn er gleich von Anfang an persönlich angesprochen wird.

Wenn Sie das Gefühl haben, daß Sie die Technik nun ziemlich perfekt beherrschen, können Sie Ihr «Verknüpfungswerk» auch einmal auf einer Party vorführen und Ihre Freunde und Bekannten mit Ihrem guten Personengedächtnis in Erstaunen versetzen. Kündigen Sie einfach an, daß Sie am Schluß der Party die Namen aller Menschen, die Sie heute abend kennengelernt haben, noch wissen werden! Dann konzentrieren Sie sich darauf, sich systematisch alle Namen einzuprägen, und beweisen Sie Ihr Können, indem Sie zum Schluß jeden Menschen, von dem Sie sich verabschieden, beim Namen nennen. Glauben Sie mir – ein solches Erfolgserlebnis wirkt ungeheuer motivierend.

Oft ist es auch von Vorteil, sich über einen anderen Menschen noch mehr Informationen einzuprägen als nur seinen Namen und sein Gesicht.

Kürzlich kam ein aufgeweckter Möbelhändler in meinen Kurs. Er lernte die Grundübungen erstaunlich schnell. Nach dem Kurs ließ er sich noch persönlich von mir beraten. Ich fragte ihn, in welchen Bereichen seines Betriebs er Schwierigkeiten habe, die man vielleicht gedächtnistechnisch lösen könnte. Er stöhnte ein wenig und berichtete von den Reklamationen, die ihm Sorge bereiteten. Viele Kunden, die einmal etwas beanstandet hätten, würden nie wieder bei ihm kaufen, klagte er.

«Wie sieht denn das in der Praxis mit den verärgerten Kunden aus?» wollte ich wissen.

«Tja, da klingelt plötzlich das Telefon. Ich nehme ab. Es meldet sich ein Herr Hupenberger, und er fängt an zu schimpfen, weil seine Tür am Schlafzimmerschrank einen Kratzer hat. Er wirft mir vor, er bekäme morgen Besuch und wolle die neuen Möbel zeigen – und jetzt dieser Kratzer! Unser Service sei nicht in Ordnung, und so weiter», erzählte der Möbelhändler.

«Ja, können Sie den Mann denn nicht besänftigen und ihm versprechen, daß Sie sofort alles wieder in Ordnung bringen werden?» fragte ich.

Der Möbelhändler erklärte: «Bis dann die Mappe von Herrn Hupenberger vor mir auf dem Schreibtisch liegt und ich den Vorgang aufgeschlagen habe, hat sich der Kunde schon so ereifert, daß er kaum mehr zu beruhigen ist.»

«Aha», sagte ich. «Und wann erfahren Sie frühestens von dem Kratzer in Herrn Hupenbergers Schlafzimmerschrank?»

«Tja, natürlich sofort, wenn der Fahrer, der die Möbel ausliefert, zurückkommt und seine Schadensmeldung abgibt», meinte er.

«Wäre es nicht möglich, daß Sie dann sofort eine Koppelung zwischen ‹Herrn Hupenberger› und ‹verkratzter Schranktür› herstellen? Zum Beispiel: Herr Hupenberger benutzt seine Schranktür als Skier. Er fährt damit den Berg hinunter, hupt dabei wie wild, und wenn er unten ankommt, ist die schön lackierte Schranktür total verkratzt.»

«Ja, natürlich, das wäre möglich», meinte der Möbelhändler.

Da schellte das Telefon. Ich zwinkerte meinem Möbelhändler zu und nahm den Hörer ab. Herr Hupenberger war am Apparat.

«Grüß Gott, Herr Hupenberger», sagte ich. «Um Ihre neue Schranktür habe ich mich persönlich gekümmert. Ich habe die Ersatztür per Expreß angefordert. Geben Sie mir doch noch einmal Ihre Telefonnummer, damit wir sie gleich anliefern können, sobald wir sie haben. Sind Sie den ganzen Tag erreichbar, oder kann ich Sie auch an Ihrem Arbeitsplatz anrufen?»

Das war die Lösung! Der Möbelhändler war ein heller Kopf und hatte sofort begriffen, wie man solche Situationen in der Praxis meistern kann. Wir übten noch einige Koppelungen von Namen plus Sachschaden – dann war er für alle Reklamationen bestens gerüstet.

Ein halbes Jahr später erschien der Möbelhändler in strahlender Laune wieder bei mir und berichtete, daß in seinem Betrieb auf dem Gebiet der Reklamationen eine merkliche Verbesserung eingetreten sei. Er speicherte jetzt nicht nur die Reklamationen seiner Kunden sofort nach der Rückkehr des Fahrers ein, sondern zu jeder Reklamation auch noch ein paar gute Lösungsvorschläge und Argumente. Bei größeren Beschädigungen rief er den Kunden direkt an. Die Folge: Weniger unzufriedene Kunden – mehr Aufträge.

Was dieser Möbelhändler geschafft hat, können Sie auch!

Überlegen Sie sich passende Assoziationen zu folgenden Reklamationen:

1. **Herr Heimerdinger – Teewagen quietscht**

2. **Herr Emmentaler – Bücherregal ist heruntergestürzt**

3. **Frau Krauter – Ölfleck auf der Polstermöbelgarnitur**

4. **Herr Wurster – Himmelbett wackelt**

5. **Herr Zander – Klavier ist verstimmt**

6. **Frau Stierle – Hollywoodschaukel ist zusammengebrochen**

7. **Herr Hasenpfeffer – an der Garderobe fehlen die Haken**

8. **Frau Schleicher – Waschmaschine funktioniert nicht**

9. **Herr Kaluweit – Videorecorder nimmt nicht auf**

Und nun prüfen Sie, ob Sie Geschick im Umgang mit Reklamationen haben. Der erste Schritt zum guten Service ist ein gutes Gedächtnis!

Testen Sie Ihr Gedächtnis!

Wissen Sie die Reklamationen noch? Dann schreiben Sie sie in die leeren Zeilen unter den Namen. (Vorsicht – veränderte Reihenfolge!)

Herr Wurster ☐

Herr Heimerdinger ☐

Frau Stierle ☐

Herr Emmentaler ☐

Herr Zander ☐

Herr Kaluweit ☐

Frau Krauter ☐

Frau Schleicher ☐

Herr Hasenpfeffer ☐

Wenn Sie bei diesem Test fünf bis sieben Richtige hatten, kann ich Ihnen gratulieren. Sie sind auf dem besten Weg zum perfekten Kundendienst.

Wenn es weniger als fünf Richtige waren, wiederholen Sie den Test noch einmal und bemühen Sie sich, Ihre Assoziationsbilder noch deutlicher und plastischer vor Augen zu sehen. Oder versuchen Sie, sich lustigere Assoziationen einfallen zu lassen. Dann geht es beim nächsten Mal bestimmt besser.

Sie haben nun gelernt, sich Namen und Gesichter einzuprägen und bei Bedarf auch noch andere Informationen zur Person abzuspeichern – Reklamationen, Wünsche, Firmenname, Beruf usw.

Damit haben Sie wirklich einen wichtigen Teil Ihres Gedächtnistrainings bewältigt.

Jetzt dürfen Sie sich erst einmal entspannen. Die Übungen auf den nächsten beiden Seiten werden Ihnen dabei helfen.

Ohne Entspannung geht es nicht

Es gibt keine Konzentration ohne ihren Gegenpol, die Entspannung. Die beiden sind ebenso untrennbar miteinander verbunden wie Ein- und Ausatmen. Sie können nicht angespannt arbeiten oder konzentriert lernen, ohne zwischendurch immer wieder Entspannungsphasen einzulegen. Um erfolgreiche Leistungen erbringen zu können, müssen Sie sich auch einmal bewußt «fallen lassen» können, nichts tun, nichts wollen, nichts denken.

Dieser Zustand – ich bezeichne ihn als «Gedankenleere» – ist sehr wichtig; denn ebenso wie man eine Tafel immer wieder abwischen muß, um etwas Neues darauf zu schreiben, kann auch Ihr Gedächtnis nicht ständig immer nur Neues aufnehmen. Sie müssen ihm zwischendurch Ruhepausen gönnen.

Die einfachste Art, seine Gedanken auszulöschen, besteht darin, sich intensiv auf den eigenen Körper zu konzentrieren.

Sehr beruhigend und entspannend wirkt zum Beispiel die Konzentration auf die eigene Atmung. Versuchen Sie einmal alle Gedanken auszuschalten und konzentrieren Sie sich nur auf Ihr ruhiges Ein- und Ausatmen, erleben Sie es ganz intensiv. Wenn Ihnen das anfangs noch schwerfällt, nehmen Sie ein Bild zu Hilfe: Stellen Sie sich dazu das gleichmäßige Hin- und Herwogen der Brandung an der Meeresküste vor. Der Rhythmus Ihrer Atemzüge entspricht dem Rhythmus dieser Brandung.

Wenn Sie feststellen, daß Sie bei dieser Übung schläfrig werden, so ist das ein gutes Zeichen. Es beweist, daß ein Zustand völliger Entspannung eingetreten ist.

Es gibt viele solche Entspannungsübungen. Stellen Sie sich zum Beispiel einmal vor, Sie liegen in der Badewanne und lassen warmes Wasser einlaufen. Es wärmt die Haut und die Muskeln. Sie sind angenehm entspannt: Wärme durchströmt Ihren Körper. Konzentrieren Sie sich etwa fünf Minuten lang auf dieses Gefühl und wehren Sie alle Gedanken ab. Wenn Sie zusätzlich auch noch ein Gefühl wohliger Schwere in sich erzeugen wie beim autogenen Training, stellen Sie sich vor, daß Sie den Stöpsel aus der Wanne ziehen. Der Sog des abfließenden Wassers vermittelt Ihnen ein Schweregefühl.

Was Sie soeben gelernt haben, ist übrigens das Grundprinzip des autogenen Trainings. Das Ziel dieses Trainings besteht darin, sich auf bestimmte Teile des Körpers zu konzentrieren, diese bewußt zu entspannen und in ihnen ein angenehmes Gefühl der Schwere und Wärme zu erzeugen. Wenn Sie Schwierigkeiten haben, sich zu entspannen, oder unter Nervosität und Schlaflosigkeit leiden, sollten Sie sich einmal mit autogenem Training befassen.

Nach diesen ersten beiden Vorübungen wird es Ihnen nun nach und nach gelingen, einen gedankenfreien Zustand zu erreichen.

Stellen Sie sich eine weiße Wand vor und sonst nichts.

Weisen Sie alle Gedanken und Eindrücke energisch ab. Wenn ein Gedanke kommt, ersticken Sie ihn sofort «im Keim», das heißt, geben Sie ihm erst gar keine Zeit, sich zu entfalten. Schon der leiseste Anflug eines Gedankens muß sofort wieder weggewischt werden. Wenn sich ein Gedanke erst manifestiert hat, konkrete Gestalt angenommen hat, kommen wir viel schwerer davon weg.

Nur eine weiße Wand sehen, sonst nichts.

Wenn Ihnen diese Übungen anfangs noch Schwierigkeiten bereiten, empfehle ich, sie zunächst einmal in der Realität zu praktizieren: Das heißt, Sie liegen *wirklich* in der Badewanne oder starren *wirklich* eine weiße Wand an. Wenn Sie das einige Male durchgespielt haben, wird es Ihnen nicht mehr schwerfallen, diesen Zustand nun auch in Ihrer Vorstellung zu erzeugen.

Sie dürfen nicht die Geduld verlieren. Beim einen stellt sich der Erfolg schneller ein, beim anderen dauert es etwas länger. Glauben Sie daran, daß es den gedankenfreien Zustand gibt und daß Sie ihn anfangs sekundenweise und später immer längere Zeit genießen können.

Nun wollen wir lernen, vollkommene Gedankenleere zu erzeugen. Nichts darf in Ihrem Geist sein, nicht einmal mehr eine weiße Wand, nur absolute Leere. Erlauben Sie keinem Gedanken, sich ins Bewußtsein zu schieben. Halten Sie diesen Zustand der Leere aufmerksam fest.

Sobald Sie dies nur kurze Zeit durchhalten können, ist das schon ein sehr gutes Ergebnis. Das Endziel besteht darin, die Gedanken längere Zeit (ungefähr 10 Minuten) auszuschalten, den Zustand der Leere zu halten, so lange es geht.

Wiederholen Sie diese Übungen regelmäßig. Schieben Sie sie vor allem zwischen Phasen intensiver Konzentration – z. B. fieberhafter Arbeit oder angespannten Lernens – immer wieder ein. Zehn Minuten am Schreibtisch genügen! Sie werden bald feststellen, daß Sie ruhiger, entspannter und konzentrierter werden, daß Sie Streß nicht mehr so sehr an sich «heranlassen» wie früher. Und das ist die wichtigste Voraussetzung für erfolgreiche Arbeit und konzentriertes Lernen.

Solche Übungen helfen übrigens auch beim «Umschalten» von der Arbeit zur Privatsphäre. Gerade Managern in verantwortungsvollen Positionen fällt es oft schwer, abzuschalten, wenn sie von der Arbeit nach Hause kommen; ihnen gehen dann häufig noch tausend Ideen und ungelöste Probleme im Kopf herum. Hier wirken die beschriebenen Entspannungsübungen wahre Wunder: Ziehen Sie sich nach der Arbeit ein Viertelstündchen zurück und entspannen Sie sich ganz bewußt und gezielt. Sie werden sich anschließend wie neugeboren fühlen.

5.

Keine Qualen mehr mit Zahlen

Schon in der Schulzeit haben sie uns das Leben schwergemacht und uns oft bis in den Schlaf hinein verfolgt: Zahlen, Formeln, unlösbare Rechenaufgaben, das hämische oder verzweifelte Gesicht unseres Mathematiklehrers . . . Viele Menschen tun sich mit Zahlen besonders schwer, weil sie so abstrakt sind. Nicht umsonst reimt sich «Zahl» auf «Qual».
Dieses Kapitel wird Ihrer Qual ein Ende bereiten. Ob Sie es glauben oder nicht: Ich habe mir für Sie eine Methode ausgedacht, mit der Sie selbst zehnstellige Zahlen mühelos im Kopf behalten können!

So entwickeln Sie ein perfektes Zahlengedächtnis!

Sind Sie auch der Meinung, daß es fast nichts Schwierigeres für ein menschliches Gedächtnis gibt, als sich Zahlen merken zu müssen – Telefonnummern, Jahreszahlen, Geburtstage, Tabellen?

Sie haben recht. Es ist erwiesen, daß wir uns am leichtesten Bilder merken, dann Worte, als nächstes Sätze, Namen und Gesichter. Erst dann kommen die Zahlen – sie stellen also schon einen ziemlich hohen Schwierigkeitsgrad dar.

Woran liegt das?

Denken sie daran, was Sie im Kapitel «Die Kunst der Assoziation» über die Arbeitsweise des menschlichen Gedächtnisses gelernt haben: Konkrete Dinge, die es sich bildhaft vorstellen kann, merkt es sich leichter als abstrakte. Und Zahlen sind nun einmal etwas sehr Abstraktes. Niedrige Zahlen wie drei, vier, fünf können wir uns zur Not noch bildlich vorstellen (drei Erbsen, vier Äpfel, fünf Eier usw.); doch ab der Zahl Zehn wird es schon schwieriger, und bei mehrstelligen Zahlen ist es ganz und gar unmöglich.

Was tun?

Nun, im letzten Kapitel haben Sie erfahren, daß sich auch völlig abstrakte Dinge wie zum Beispiel der Name «Boskowskij» in konkrete Begriffe «übersetzen» lassen, die man sich leicht bildlich vorstellen kann: «Boss» – «Kopf» – «Ski».

Mit den Zahlen geht es genauso. Auch sie sind abstrakt, lassen sich aber in Bilder übersetzen.

Schauen Sie sich einmal die Zeichnungen auf der rechten Seite an. Sie stellen die Zahlen 1 bis 12 in Bildern dar.

Auf den ersten Blick fällt Ihnen bei der Betrachtung dieser 12 Zahlenbilder vielleicht gar nicht viel auf. Auf den zweiten Blick aber werden Sie mit Ihrem inzwischen bildhaft geschulten Auge vermutlich erkennen, daß die Bilder für die Zahlen 3, 4 und 5 von der Anzahl her immer die richtige Zahlensumme ergeben: die drei Zacken des Neptunstabes, die vier Blätter des Kleeblatts und die fünf Finger der Hand. Das ist bewußt so gewählt, damit Sie sich die Bilder für diese Zahlen besser einprägen können. Sie können sich jetzt etwas darunter vorstellen.

Schauen Sie sich die drei Bilder intensiv an, versuchen Sie, sie in sich aufzunehmen. Dann schließen Sie kurz die Augen, zählen Sie innerlich «drei-vier-fünf», und sehen Sie dabei das jeweilige Zahlenbild kurz vor Ihrem inneren Auge. Später werden Sie das in Sekundenschnelle auch bei geöffneten Augen können.

1
2
3
4
5
6
7
8
9
10
11
12

Wenn Sie nun die Bilder für die Zahlen 1 und 2 betrachten, so sehen Sie, daß diese zwar nicht von der Anzahl, aber dafür von der Form her genau den Zahlen Eins und Zwei entsprechen. Für die Eins steht eine Kerze, weil diese wie eine Eins aussieht. Und der Hals des Schwanes nimmt bei genauerem Hinsehen die Form der Zahl Zwei an.

Betrachten Sie die beiden Zeichnungen intensiv; dann schließen Sie die Augen, sehen Sie sie im Geist vor sich und zählen Sie dabei wieder: «Eins-zwei.»

Ebenso ist es mit den Zahlen 6, 7, 8, 9, 10 und 11. Der Rüssel des Elefanten bildet deutlich erkennbar eine Sechs. Und mit ein wenig Phantasie können Sie in der Stange und der oberen Kante der Fahne eine Sieben erkennen. Die Sanduhr hat die Form einer Acht, die Schlange bildet eine Neun, und bei der Zahl Zehn ist der Golfschläger die Eins, der Ball die Null. Zwei von einer Gabel herunterhängende Spaghetti bilden die zwei Einser der Elf.

Und die Zahl Zwölf? Nichts leichter als das! Ein Wecker, dessen Zeiger auf zwölf stehen.

Schauen Sie sich noch einmal jedes Zahlensymbol einzeln an, schließen Sie dann wieder die Augen und reproduzieren Sie es auf Ihrer geistigen Filmleinwand. Dabei sprechen Sie die dazugehörigen Zahlen laut oder im Geist vor sich hin.

Diese Übung sollten Sie während der Lektüre dieses Kapitels öfters wiederholen. Auch wenn es Ihnen anfangs vielleicht ein wenig umständlich erscheint, so lohnt es sich doch, sich diese zwölf Zahlenbilder so gut einzuprägen, daß Sie sie auswendig im Schlaf hersagen können, und zwar vorwärts, rückwärts und durcheinander.

Ich darf Ihnen an dieser Stelle schon verraten, daß die perfekte Erlernung der Zahlensymbole 1 bis 12 eine der wichtigsten Übungen darstellt. Sie wird es Ihnen ermöglichen, Telefonnummern, Jahreszahlen, Hausnummern, Fahr- und Flugpläne, lange Termin- und Erledigungslisten, die Texte von Reden und Ansprachen, ja sogar mehrstellige Zahlen in Verbindung mit Fakten mühelos im Kopf zu behalten. Sie tun damit den ersten Schritt in Richtung Gedächtnisakrobatik!

Also machen Sie sich einmal die Mühe und prüfen Sie, ob sich die Zahlensymbole schon in Ihrem Gedächtnis verankert haben. Ich bin sicher, daß Sie bei dem folgenden Test gut abschneiden werden.

Schreiben oder zeichnen Sie die Symbole in die leeren Zeilen neben den Zahlen. Ich habe die Reihenfolge der Zahlen absichtlich ein wenig verändert:

10 ____________________

4 ____________________

11 ____________________

3 ____________________

1 ____________________

8 ____________________

12 ____________________

2 ____________________

9 ____________________

5 ____________________

6 ____________________

7 ____________________

Und nun blättern Sie zurück und sehen Sie nach, ob Sie alle Symbole richtig eingetragen haben.

Lange Erledigungslisten – ein Kinderspiel

In Kapitel 3 dieses Buches haben Sie gelernt, wie man sich Einkaufs- und Erledigungslisten mit bis zu acht Posten merken kann, indem man die einzelnen Posten einfach zu einer lustigen Szene verknüpft.

Diese Methode ist sehr hilfreich, hat jedoch ihre Grenzen. Ab acht oder noch mehr Gliedern wird es allmählich etwas schwierig! Sie alle miteinander zu verknüpfen, kostet Zeit, und am Schluß ist Ihre Bildergeschichte vielleicht so lang, daß sie sich nicht mehr ohne weiteres ins Gedächtnis zurückrufen läßt.

Mit Hilfe der Zahlensymbole können Sie sich auch Einkaufs- und Erledigungslisten mit mehr als acht Posten leicht merken. Sie numerieren die einzelnen Posten Ihrer Liste einfach und stellen dann lustige Verknüpfungen zwischen den Zahlensymbolen und den Gegenständen her, die Sie einkaufen müssen!

Versuchen Sie es einmal mit folgender Liste:

1. Marmelade

2. Eier

3. Steak

4. Salat

5. Honig

6. Blumen

7. Kartoffeln

8. Milch

Nun verknüpfen Sie einfach das Symbol für die Zahl Eins – die Kerze – auf möglichst lustige Weise mit Marmelade. Sie können sich zum Beispiel vorstellen, daß statt des Wachses Marmelade von Ihrer brennenden Kerze heruntertropft.

Als zweites möchten Sie Eier kaufen. Also bilden Sie eine originelle Assoziation zwischen dem Zahlensymbol für die Zwei (Schwan) und den Eiern. Ein Schwan, der Eier legt, zum Beispiel . . . Und Sie holen sich jeden Morgen ein Schwanenei zum Frühstück!

So machen Sie weiter, bis Sie bei Nummer acht angelangt sind. Es spielt vorläufig noch keine Rolle, wie lange Sie dazu brauchen.

Wenn Sie nun die Liste der Reihe nach wieder abrufen möchten, denken Sie : «Erstens . . .» Beim Gedanken an die Zahl Eins fällt Ihnen automatisch die Kerze ein, und wenn Sie «Kerze» denken, sehen Sie auch die Marmelade vor sich, die von ihr heruntertropft.

Schreiben Sie die acht Posten der Einkaufsliste auswendig auf einen Zettel. Dann blättern Sie zurück, und sehen Sie nach, ob Sie die Liste richtig im Gedächtnis behalten haben.

Wenn Sie Schwierigkeiten damit hatten, wiederholen Sie diese Übung noch einmal. Vielleicht sollten Sie sich auch die Zahlensymbole 1 bis 12 noch einmal genau anschauen!

Wenn Ihnen die Liste keine Probleme bereitet hat, dürfen Sie sich gleich an den nächsthöheren Schwierigkeitsgrad heranwagen: eine Einkaufsliste mit 12 Posten.

Prägen Sie sich folgende Liste ein:

1. **Bluse**
2. **Krawatte**
3. **Tischtuch**
4. **Blumenvase**
5. **Taschentücher**
6. **Teebeutel**
7. **Sektkelch**
8. **Brillenetui**
9. **Kopfschmerztabletten**
10. **Shampoo**
11. **Schallplatte**
12. **Wasserball**

Bilden Sie Verknüpfungen zwischen den einzelnen Posten und den Zahlensymbolen und sehen Sie diese Assoziationsbilder intensiv vor sich, so lange Sie möchten. Dann schließen Sie das Buch oder legen Sie es beiseite und schreiben Sie die Liste wieder auswendig auf ein Blatt Papier. Schauen Sie nach, wie viele «Richtige» Sie haben.

Ehe Sie nun zum nächsten Schwierigkeitsgrad – numerierten Erledigungslisten – übergehen, sollten Sie unbedingt noch ein wenig mit Einkaufslisten weiterüben. Schlagen Sie das Buch hinten auf. Dort finden Sie 12 Kärtchen mit den Zahlensymbolen 1 bis 12 zum Ausschneiden. Kombinieren Sie diese Kärtchen mit anderen – zum Beispiel aus dem Bereich «Haushaltsgeräte», «Lebensmittel» oder «Büroartikel» –, und spielen Sie mit einem Partner das Kreativitätsspiel und das Gedächtnisspiel. Dabei sollten Sie sich jetzt bemühen, die Verknüpfungen zwischen den Zahlensymbolen und den Gegenständen nach und nach immer schneller herzustellen.

Sobald Sie das Gefühl haben, daß numerierte Einkaufslisten kein Problem mehr für Sie sind, dürfen Sie sich auf unsere nächste Übung – die Erledigungslisten – stürzen.

Prägen Sie sich bitte folgende zehn Erledigungen ein:

1. **Schecks von der Bank abholen**
2. **Tanken**
3. **Ihre Sekretärin anrufen**
4. **Flugtickets einstecken**
5. **Ihr Autotelefon mitnehmen**
6. **Die Präsentationsordner in den Konferenzraum bringen lassen**
7. **Den Zweitwagen zur Reparatur bringen**
8. **Blumen für Ihre Frau bestellen**
9. **Den Radiowecker einpacken**
10. **Die Marketingstrategie für das neue Produkt mit Ihrem Chef durchsprechen**

Nun, haben Sie originelle Verknüpfungen zwischen «Schwan» und «Tanken», «Dreizack» und «Sekretärin», «vierblättrigem Kleeblatt» und «Flugtickets» gefunden? Mir fallen Tausende dazu ein. Aber ich verrate sie Ihnen nicht, denn Sie sollen ja schließlich Ihre eigene Phantasie entfalten und weiterentwickeln. Wenn Ihnen das am Anfang noch ein wenig schwerfällt, nehmen Sie ruhig einen Notizzettel zu Hilfe und schreiben Sie Ihre Assoziationen auf.

Und nun testen Sie Ihr Gedächtnis wieder, indem Sie das Buch zuklappen und die Liste auswendig niederschreiben. Anschließend vergleichen Sie Ihre Liste mit dem Original.

Hatten Sie Erfolg?

Ich könnte Ihnen nun natürlich noch weitere Erledigungslisten zum Üben geben. Aber ich tue es nicht, denn es wäre Platz- und Zeitverschwendung. Die Kärtchen hinten im Buch eröffnen Ihnen viel interessantere und vielfältigere Möglickeiten zum Üben.

Sicherlich erinnern Sie sich noch an die 12 Kärtchen mit Zeichnungen von Tätigkeiten, die Sie neulich ausgeschnitten haben? Kombinieren Sie diese Kärtchen mit den Zahlenkärtchen von 1 bis 12 und spielen Sie das Kreativitätsspiel und das Gedächtnisspiel. Viel Spaß beim Üben!

Wie motiviert man einen Elefanten?

Wenn Sie ein wenig Routine im Umgang mit Einkaufs- und Erledigungslisten gewonnen haben, können sie zur nächsten Übung übergehen. Jetzt wird es schon ein wenig schwieriger, denn diesmal sollen Sie üben, abstrakte Begriffe in konkrete Bilder zu übersetzen. Das ist eine wichtige Vorübung für das Einprägen von Sätzen eines Vortrags oder einer Rede.

Nehmen wir an, Sie sollen sich eine Liste mit zehn abstrakten Begriffen merken. An sechster Stelle steht der Begriff «Motivation».

Als angehendem Gedächtnisgenie ist es Ihnen natürlich längst in Fleisch und Blut übergegangen, daß das Symbol für die Zahl Sechs ein Elefantenrüssel ist.

Nun müssen Sie nur noch das abstrakte Wort «Motivation» in eine Handlung einbauen.

Auch das ist nicht schwer. Sie halten ein Stück Zucker hoch, und der Elefant im Zoo wird dadurch dazu motiviert, mit seinem Rüssel danach zu greifen. Zucker ist also Motivation für den Elefanten.

Auf diese Weise können Sie sich leicht einprägen, daß an sechster Stelle der Begriff «Motivation» kommt.

Aber, werden Sie jetzt vielleicht einwenden, Zucker könnte doch genausogut für etwas anderes stehen – für «Belohnung» zum Beispiel.

Machen Sie sich darüber keine Sorgen. Obwohl «Zucker» natürlich mehrdeutig ist, wird Ihr Assoziationsbild Sie dennoch mit hundertprozentiger Sicherheit zum richtigen Begriff – Motivation – hinführen. Koppelungen ersetzen die Gedächtnisleistung nämlich nicht etwa, sondern unterstützen sie nur. Sie sind nichts weiter als Eselsbrücken oder Wegweiser, die Sie zu der «Gedankenschublade» führen, in der Sie den Begriff «Motivation» abgelegt haben.

Koppelungen sind wie besonders farbige und auffällige Beschriftungen auf einem Ordner – sie haben eine hinweisende Funktion. Begabte Schüler brauchen nach einigen Jahren Training die Eselsbrücke der Koppelungen gar nicht mehr. Sie finden auch ohne diesen Umweg das richtige Wort. Doch bis dahin ist es noch ein weiter Weg.

Testen Sie Ihr Gedächtnis!

Nun versuchen Sie sich mit Hilfe der Zahlensymbolmethode zehn abstrakte Begriffe in der richtigen Reihenfolge einzuprägen:

1. **Gemeinschaft**
2. **Lärm**
3. **Treue**
4. **Zinsspanne**
5. **Psyche**
6. **sozial**
7. **System**
8. **Individualismus**
9. **Synthese**
10. **Klamauk**

Schreiben Sie diese zehn abstrakten Begriffe auf einen Zettel und vergleichen Sie Ihr Ergebnis dann mit der Liste auf der linken Seite.

Ist Ihnen die Übung schwergefallen?

Das liegt daran, daß der Sprung vom Konkreten zum Abstrakten eine erhebliche Steigerung des Schwierigkeitsgrades ist. Um abstrakte Begriffe in konkrete Bilder zu übersetzen, braucht man schon ein wenig Geduld und Routine. Man lernt es nicht von heute auf morgen.

Hier nun einige Vorschläge, wie man diese Begriffe in konkrete Bilder übersetzen und mit den Zahlensymbolen verknüpfen könnte:

1. Gemeinschaft: Mehrere Leute haben sich mit brennenden Kerzen zu einer Gemeinschaft versammelt.

2. Lärm: Schwan mit Ohrenschützern.

3. Treue: Ein gutaussehender Mann flirtet mit Ihrer Frau. Aber sie bleibt Ihnen treu und verjagt Ihren Nebenbuhler mit einem Dreizack.

4. Zinsspanne: Ich spanne ein Spinnennetz über die Kleewiese, und die Zinsen (Geldscheine) bleiben darin hängen.

5. Psyche: Sie liegen beim Psychiater auf der Couch, und er streichelt Ihnen begütigend die Hand.

6. Sozial: Der Elefant formt seinen Rüssel zu einem großen «S» und läßt den Wärter darauf Platz nehmen. (So haben Sie gleichzeitig den Anfangsbuchstaben des Wortes «sozial» als Gedächtnisstütze in Ihr Bild eingebaut.)

7. System: Stellen Sie sich die Hierarchie Ihrer Firma als ein aufgezeichnetes System vor und stecken Sie die Fahne mit dem Firmenwappen obendrauf.

8. Individualismus: Diese Eieruhr ist sehr eigenwillig – eine richtige Individualistin. Sie läßt ihren Sand nur dann rieseln, wenn sie gerade Lust dazu hat!

9. Synthese: Eine Schlange frißt verschiedene kleine Tiere, die sich dann in ihrem Körper vermischen – also eine Synthese eingehen.

10. Klamauk: Jemand krabbelt auf allen vieren auf dem Golfplatz umher und schnippt mit dem Finger den Golfball ins Loch.

Jetzt denken Sie sich selbst zehn abstrakte Wörter aus und versuchen Sie, diese einzuspeichern und abzurufen.

Üben Sie beim Lesen eines Zeitschriftenartikels spielerisch, die darin enthaltenen Schlüsselwörter zu «verbildern», mit den Zahlensymbolen zu verknüpfen und auf diese Weise im Gedächtnis zu behalten. Hinterher rufen Sie sie wieder ab. Wetten, daß Sie sich dadurch automatisch auch gleich den Inhalt des ganzen Zeitungsartikels eingeprägt haben?

Lernen ohne Mühe

Wenn Sie diesen Schwierigkeitsgrad bewältigt haben, können Sie auch ganze Sätze mit Hilfe der Zahlensymbole abspeichern. Damit haben Sie den Schlüssel zu einem bedeutenden Erfolgserlebnis in der Hand: Sie können bei einem Gespräch oder in einer Besprechung die wichtigsten Argumente Ihres Partners mühelos im Gedächtnis behalten und sie hinterher, wenn Sie ihm antworten, der Reihe nach wieder aufzählen. Er wird über Ihr phänomenales Gedächtnis staunen!

Auch Texte längerer Reden und Präsentationen werden Ihnen nun keine Mühe mehr bereiten; Sie können Ihren Text auswendig «herunterspulen», ohne auch nur ein einziges Mal in Ihre Notizen zu schauen. Und Sie werden sich Wissensstoffe – den Inhalt eines wissenschaftlichen Artikels, wichtige juristische Paragraphen usw. – leicht einprägen können, indem Sie sie einfach mit den Zahlensymbolen verknüpfen.

Beginnen wir mit ganz einfachen Sätzen.

Prägen Sie sich bitte folgende zehn Sätze in der richtigen Reihenfolge ein:

1. Der Blumenstrauß steht am Fenster.

2. Meine Tochter spielt gern Klavier.

3. Morgen fahren wir in Urlaub.

4. Das Bild hängt schief an der Wand.

5. Der Elefant trompetet im Zoo.

6. **Die Kinder gehen schwimmen.**

7. **Das Gartentor quietscht.**

8. **Der Braten brutzelt im Ofen.**

9. **Die Katze verfolgt die Maus.**

10. **Die Teller sind bunt bemalt.**

Schauen Sie sich die Sätze nacheinander an und bilden Sie Ihre Assoziationen. Sie dürfen sich dazu wieder soviel Zeit nehmen, wie Sie brauchen. Schauen Sie nicht auf die Uhr.

Dann schreiben Sie die Sätze auswendig auf einen Zettel und überprüfen Sie, wie viele «Richtige» Sie hatten.

Nun versuchen wir es mit etwas schwierigeren Sätzen und mit einem Zeitlimit: Zum Einprägen der folgenden Sätze dürfen Sie nicht mehr als fünf Minuten brauchen.

Achtung – fertig – los!

1. **Die Sonne scheint am Mittelmeer.**

2. **Wir verkaufen unseren Weinberg.**

3. **Das neue Autotelefon hat eine größere Reichweite.**

4. **Das Hotel ist total ausgebucht.**

5. **Wir planen einen dreiwöchigen Skiurlaub.**

6. **Die Spitzenverkäufer gewinnen eine Gratisreise nach Arizona.**

7. **Der vollautomatische Küchenroboter bedient uns hervorragend.**

8. **Unsere Kinder sind sehr begabt.**

9. **Der Gärtner züchtet lila Orchideen.**

10. **Der Intelligenzquotient des Durchschnittsbürgers nimmt proportional zur Datenflut ab.**

Sicher haben Sie diesmal schon ein wenig besser abgeschnitten.

Und nun viel Spaß bei einer weiteren Runde des Kreativitäts- und des Gedächtnisspiels! Kombinieren Sie die 12 Zahlenkärtchen mit den Karten, auf denen Sätze stehen. Steigern Sie Ihre Gedächtnisleistung nach und nach auf elf, dann auf zwölf numerierte Sätze.

Als nächsten Schwierigkeitsgrad nehmen Sie sich die Abendnachrichten vor. Das ist nun schon eine etwas größere Herausforderung, da Ihnen hier viele verschiedene Fakten in rascher Aufeinanderfolge dargeboten werden; Sie müssen beim Verknüpfen also sehr schnell und findig sein. Aber mit der Zeit wird Ihnen auch das keine Schwierigkeiten mehr bereiten. (Sie können daraus übrigens auch einen lustigen Wettbewerb im Familienkreis machen! Wer alle Nachrichten und in richtiger Reihenfolge im Kopf behalten hat, darf bestimmen, welches Fernsehprogramm anschließend angeschaut wird. Das wirkt ungeheuer motivierend.)

Sobald Sie die Abendnachrichten mit Leichtigkeit abspeichern können, versuchen Sie das gleiche in einer Besprechung oder Konferenz: Merken Sie sich die Argumente Ihres Gesprächspartners und auch Ihre Gegenargumente dazu. Hinterher können Sie ihn dann verblüffen, indem Sie seine Einwände der Reihe nach aufzählen. (Aber bitte sagen Sie nicht «Kerze», «Schwan» usw., sondern erstens, zweitens, drittens ...) Dadurch haben Sie einen rhetorischen Vorsprung gewonnen, der nicht mehr aufholbar ist.

Wenn Sie sich Wissensstoff aneignen müssen – einen Artikel in einem Buch oder einer Wirtschaftszeitschrift zum Beispiel –, werden Sie feststellen, daß es ein sehr sinnvolles Verfahren ist, sich die wichtigsten Sätze Ihres Lernstoffs mit einem farbigen Filzstift anzustreichen und dann beim zweiten Durchgang nicht mehr den ganzen Text zu lesen, sondern sich nur noch auf diese Sätze zu konzentrieren und sie mit Hilfe der Zahlensymbole abzuspeichern. Sie werden feststellen, daß Ihnen beim Abrufen dieser Schlüsselsätze später der restliche Inhalt des Artikels automatisch einfällt – denn diese Sätze sind die «Schubladen», in die Sie die anderen Informationen eingeordnet haben.

Versuchen Sie es mit den ersten 12 Artikeln des Grundgesetzes.

Das Symbol der Zahl Eins ist eine Kerze; und der Artikel 1 lautet: «Die Würde des Menschen ist unantastbar.» Versuchen Sie diesen Sinngehalt nun bildlich darzustellen. Würde können Sie zum Beispiel demonstrieren, indem Sie sich einen vornehmen Menschen mit Zylinder vorstellen, den niemand antasten darf. Koppeln Sie dieses Bild nun mit

«Kerze», indem Sie den Mann eine Kerze auf dem Zylinder tragen lassen. Das dürfte als Gedächtnisstütze genügen, um Sie an die Menschenwürde in Artikel 1 zu erinnern.

In Artikel 2 heißt es: «Jeder hat das Recht auf die freie Entfaltung seiner Persönlichkeit, soweit er nicht die Rechte anderer verletzt und nicht gegen die verfassungsmäßige Ordnung oder das Sittengesetz verstößt.» Da das Symbol für 2 ein Schwan ist, stellen Sie sich folgendes Bild vor: Ein Schwan entfaltet sich, indem er mit beiden Flügeln schlagend startet. Er darf die Rechte anderer nicht verletzen – das heißt, daß er andere Schwäne nicht mit seinen Flügeln schlagen darf. Und zu guter Letzt darf er auch nicht gegen das Sittengesetz verstoßen, das heißt, er muß bei seinem Abflug aufpassen, daß er nichts «fallen läßt». Okay?

Artikel 3 besagt, daß alle Menschen vor dem Gesetz gleich sind, und zwar unabhängig von Geschlecht, Abstammung, Rasse, Sprache, Heimat, Herkunft, Glauben, religiöser und politischer Überzeugung. Das ist ganz leicht zu merken:

Artikel 4: Die Glaubens- und Gewissensfreiheit läßt sich leicht mit dem vierblättrigen Kleeblatt assoziieren. Das Kleeblatt bildet ein Kreuz – ein leicht einprägsames Symbol für «Glauben». Stellen Sie sich einen Soldaten vor, der sich seiner Glaubens- und Gewissensfreiheit erinnert und demonstrativ ein Kleeblatt in seinen Gewehrlauf steckt.

Artikel 5 behandelt die Meinungs- und Pressefreiheit. Da das Zahlensymbol für 5 eine Hand ist, brauchen Sie nur vor Ihrem geistigen Auge zu sehen, wie Sie mehrere Zeitungen in der Hand halten, mit einem Freund über die Schlagzeilen diskutieren und dabei frei – ohne die Hand vor den Mund zu nehmen – Ihre Meinung sagen. Damit haben Sie die Hand gleich zweimal in Ihr Bild integriert!

Artikel 6 besagt, daß Ehe und Familie unter dem besonderen Schutz der staatlichen Ordnung stehen. Für 6 haben wir das Bildsymbol eines eingerollten Elefantenrüssels. Sehen Sie also vor Ihrem geistigen Auge, wie ein Elefant schützend seinen Rüssel um eine Frau, einen Mann und zwei oder drei Kinder schlingt.

Artikel 7 regelt das Schulwesen, das unter staatlicher Aufsicht steht. Das Zahlensymbol für 7 ist eine Fahne oder ein Wimpel: Also sehen wir viele Kinder mit einem Wimpel in der Hand in die Schule gehen. Diese Eselsbrücke genügt, um uns an die Regelung des Schulwesens durch den Staat zu erinnern.

Artikel 8 behandelt die Versammlungsfreiheit. Das Symbolbild für die Acht ist eine Sanduhr. Wir sehen ein paar Leute um einen Tisch versammelt; jeder stellt eine Sanduhr vor sich hin, wenn die Uhr abgelaufen ist, ist die Versammlung beendet.

Artikel 9: das Recht, Vereine und Gesellschaften zu bilden. Dazu können Sie sich zum Beispiel die Ärztevereinigung mit dem Symbol der Schlange vorstellen oder: Die Kreuzottern gründen einen Verein, um sich vor der Ausrottung durch die Menschen zu schützen.

In Artikel 10 geht es um das Brief-, Post- und Fernmeldegeheimnis. Stellen Sie vor, Sie sind ein Spion und möchten ein geheimes Dokument verschicken. Damit es niemand entdeckt, knüllen Sie es einfach zusammen und verstecken es in einem Golfball. Den Ball stecken Sie dann in einen Briefumschlag und drücken die aufzuklebende Marke mit dem

Golfschläger fest. Hinter dieses gutgehütete Geheimnis kommt bestimmt niemand!

Artikel 11 definiert die Freizügigkeit. Symbolbild Spaghetti. Sie gehen auf eine Reise, und aus Ihrem Koffer schauen an allen Seiten Spaghetti heraus.

Artikel 12: Berufsfreiheit. Nun, Sie müssen ja nicht unbedingt Uhrmacher werden, sondern können sich für jeden Beruf Ihrer Wahl entscheiden. Stellen Sie sich also einen Wecker vor, auf dem statt 12 Zahlen zwölf Berufe stehen. Wählen Sie Ihren Beruf, indem Sie den Zeiger entsprechend stellen.

Testen Sie Ihr Gedächtnis!

Können Sie die 12 Grundgesetze in der richtigen Reihenfolge wiedergeben?

1. ______________________________

____

______________________________ ☐

2. ______________________________

____

______________________________ ☐

3. ______________________________

____

______________________________ ☐

4. ______________________________

____

______________________________ ☐

5. ____

____

____ ☐

6. ____

____

____ ☐

7. ____

____

____ ☐

8. ____

____

____ ☐

9. ____

____

____ ☐

10. ____

____

____ ☐

11. ____

____

____ ☐

12. ____

____

____ ☐

Nun, sind Sie zufrieden mit Ihrem Ergebnis?

Es genügt, wenn Sie den Inhalt der Grundgesetze dem Sinn nach wiedergeben konnten. Auf den genauen Wortlaut kommt es nicht an.

Diese Methode funktioniert bei Wissensstoffen aller Art. Bringen Sie sie ruhig auch Ihren Kindern bei und helfen Sie ihnen bei der Vorbereitung auf Klassenarbeiten in Fächern, die ihnen besonders schwerfallen! Sie können sicher sein, daß ihre Leistungen sich dadurch mit der Zeit erheblich verbessern werden – und gleichzeitig ist es natürlich auch eine gute Übung für Sie selbst.

So werden Sie ein rhetorisches Genie!

Und nun prägen Sie sich als krönenden Abschluß Ihrer Zahlengedächtnisakrobatik 12 Punkte einer Rede ein.

Nehmen wir an, Sie sind gerade in den Betriebsrat aufgenommen worden und bereiten Ihre Eröffnungsrede vor. In Ihrer Rede möchten Sie zwölf Verbesserungsvorschläge vorbringen, die Ihrer Meinung nach zu einem besseren Betriebsklima in Ihrer Firma beitragen würden. Sie haben den Ehrgeiz, völlig auf Notizen zu verzichten und Ihre Rede frei zu halten, damit sie spontaner wirkt und Sie sich ganz auf den Blickkontakt mit Ihren Zuhörern konzentrieren können.

Trotzdem dürfen Sie keinen einzigen Ihrer Verbesserungsvorschläge vergessen; und es ist auch wichtig, daß Sie sie alle in der geplanten Reihenfolge vortragen!

Haben Sie Lampenfieber? Das brauchen Sie nicht zu haben. Mit Hilfe der Zahlensymbole können Sie sich die Rede leicht einprägen. Kerze, Schwan, Dreizack, Elefant und Eieruhr warten schon ungeduldig darauf, Ihnen zu helfen.

Also machen Sie sich ans Verknüpfungswerk!

Folgende Verbesserungsvorschläge möchten Sie Ihren Zuhörern in Ihrer Rede nahebringen:

1. «Meines Erachtens wäre es sinnvoll, die Mitarbeiter durch Plakate und Aushänge am Schwarzen Brett zu ermutigen, Verbesserungsvorschläge für alle Betriebssparten einzubringen. Überhaupt finde ich es gut, die Mitarbeiter zum Mitdenken beim Firmengeschehen zu veranlassen, denn das motiviert sie und erhöht ihr Interesse an der Arbeit.»

2. «Ich halte es auch für wichtig, daß die Leute im Betrieb sich kennen, schätzen und miteinander reden können. Daher schlage ich vor, jährlich einen bis zwei Ausflüge zu organisieren, um Betriebsklima und Kommunikation zu verbessern.»

3. «Ein unhaltbarer Mißstand sind auch die unbequemen Stühle, auf denen unsere Mitarbeiter sitzen müssen. Um die Kreativität zu fördern und damit die Damen und Herren sich nach dem Mittagessen auch einmal entspannt zurücklehnen können, wären die neuen Producto-Nakkenstützen genau das Richtige. Sie lassen sich problemlos an jedem Stuhlmodell anbringen.»

4. «Dem Mangel an Parkplätzen sollte abgeholfen werden. Wenn ich einmal an einer Ampel warten muß und ein paar Minuten später ankomme, muß ich hinter diesem Kleeacker dort parken. Wie wäre es, wenn man ihn asphaltieren ließe? Dadurch könnte man etliche neue Parkplätze schaffen.»

5. «Jeder Mitarbeiter sollte seine Arbeit auch gedächtnistechnisch richtig in den Griff bekommen. Wenn er wichtige Informationen, die er für seine Arbeit braucht, lückenlos im Kopf hat, geht ihm alles besser von der Hand. Daher schlage ich für jeden Mitarbeiter einen eintägigen Gedächtnis- und Konzentrationskurs vor.»

6. «Immer wieder bekommen wir neue Mitarbeiter, die einige Zeit brauchen, um bei uns durchzublicken. Wie wäre es mit einem kompakten Managementhandbuch, in dem unsere Betriebshierarchie schön übersichtlich graphisch aufgezeichnet ist?»

7. «Außerdem sollten wir die Gesundheit und das Wohlbefinden unserer Mitarbeiter durch eine Zusammenarbeit mit den hiesigen Sportvereinen unterstützen. Das körperliche Abhärtungstraining erhöht die Arbeitsleistung, baut Streß ab und verringert die Ausfälle durch Erkältungskrankheiten.»

8. «Abendschläfer und Morgenmuffel wünschen sich schon lange eine Arbeitszeit, die dem Tages- beziehungsweise Nachtrhythmus des einzelnen Mitarbeiters gerecht wird. Mit der Einführung der Stempeluhr ‹Flexibla› könnten wir leicht die Gleitzeit ermöglichen.»

9. «Eine kleine Entspannung nach dem Mittagessen fördert die geistige Aufmerksamkeit. Da wir mit vollem Magen weniger Blut im Gehirn haben, wäre es für unsere Mitarbeiter sicher erholsamer als Zeitunglesen, in der Mittagspause etwas Ruhe in eigens dafür hergerichteten Entspannungsräumen mit Liegematten zu finden. Einer für Raucher und einer für Nichtraucher, versteht sich.»

10. «Da in der letzten halben Stunde am Feitagnachmittag ohnehin nichts mehr getan wird, sollte man diese wegfallen lassen und sie in kleinen Etappen über den Rest der Woche verteilen. Kürzlich habe ich einen Mitarbeiter gesehen, der es eine halbe Stunde vor dem Feierabend schon nicht mehr erwarten konnte und bereits im Büro seine Golfschläge übte!»

11. «Der Weg zur Kantine sollte auch gepflastert werden. Kürzlich fuhr der Spaghetti-Lieferant in ein 11 cm tiefes Schlagloch und kam mit seinen eigenen Spaghetti überhäuft in der Kantine an.»

12. «Wir haben eine Dreiviertelstunde Mittagspause. Die Kantine ist überfüllt. Viele Mitarbeiter wohnen in der Nähe. Warum lassen wir diese Leute nicht eine Viertelstunde länger Mittagspause machen? Dann können sie nach Hause gehen, und die Kantine ist weniger voll.»

Diesmal sollten Sie sich schon bemühen, möglichst alle in den einzelnen Punkten erwähnten Details im Gedächtnis zu behalten. Das erreichen Sie, indem Sie alle wichtigen Einzelheiten in Ihr Assoziationsbild einbauen. Bei Punkt eins müßten Sie zum Beispiel die Schlüsselworte «Verbesserungsvorschläge», «Mitdenken», «Motivation» und «Aushänge am Schwarzen Brett» mit dem Zahlensymbol für die Zahl Eins verknüpfen; bei Punkt zwei wären es die Begriffe «Kommunikation» und «Betriebsausflüge», vielleicht auch noch «Kennenlernen», bei Punkt drei «Bequemlichkeit» oder «Entspannung», «Nackenstützen» und der Firmenname «Producto» usw.

Nehmen Sie sich zum Herstellen Ihrer Verknüpfungen ruhig Zeit und notfalls einen Zettel zur Hand. Auf Schnelligkeit kommt es jetzt noch nicht an.

Wenn Sie sich 12 alle Punkte intensiv eingeprägt haben, schreiben Sie sie auswendig nieder. Sie können es ruhig in Ihren eigenen Worten tun – auf das wörtliche Auswendiglernen kommt es nicht an. Aber Sie sollten versuchen, sich an möglichst viele Details der einzelnen Argumente zu einnern. Das dürfte kein Problem für Sie sein – Sie haben ja jetzt schon Routine.

1. ____________________

____________________ ☐

2. ____________________

____________________ ☐

3. ____________________

____________________ ☐

4. ____________________

____________________ ☐

5. ____________________

____________________ ☐

6. ____________________

____________________ ☐

7. ____________________

____________________ ☐

8. ____________________

____________________ ☐

9. ____

____ ☐

10. ____

____ ☐

11. ____

____ ☐

12. ____

____ ☐

Überprüfen Sie Ihre Liste anschließend auf ihre Richtigkeit! Wenn Sie acht der zwölf Punkte richtig im Gedächtnis behalten haben, ist das für den Anfang schon ein sehr gutes Ergebnis. Wenn es weniger waren, wiederholen Sie die Übung ruhig noch ein- oder zweimal. Übung macht den Meister! Wenn Sie regelmäßig mit den Tagesnachrichten weiterüben, wie ich es Ihnen empfohlen habe, wird es Ihnen bald keine Schwierigkeiten mehr bereiten, die Texte von Reden, Präsentationen und Vorträgen im Gedächtnis zu behalten.

Nebenbei können Sie Ihre neuerworbene Fähigkeit tagtäglich beim Lesen der Zeitung anwenden und bis zur Perfektion trainieren. Ehe Sie zu lesen beginnen, überfliegen Sie die Schlagzeilen und verknüpfen Sie sie mit den Zahlensymbolem 1 bis 12. Sie werden feststellen, daß dadurch von den Tagesereignissen viel mehr in Ihrem Gedächtnis «hängenbleibt», als wenn Sie die Zeitung nur lesen, ohne sich gezielt um die Abspeicherung des Inhalts zu bemühen, wie Sie es bisher wahrscheinlich getan haben. So schlagen Sie zwei Fliegen mit einer Klappe – Sie trainieren Ihr Gedächtnis und tun gleichzeitig etwas für Ihre Allgemeinbildung!

Und nun als zweite Übung eine Liste mit 12 Verkaufsargumenten.

Sie möchten einem Kunden die Vorzüge einer Limonade mit einer ganz neuen Geschmacksrichtung anpreisen, die Ihre Firma seit einiger Zeit vertreibt: Limonade mit Maracujaaroma, «Tropical Beach» genannt. Für das Verkaufsgespräch haben Sie sich folgende Argumente zurechtgelegt:

1. «Tropical Beach» ist eine originelle neue Geschmacksrichtung, die es auf dem Markt neben den schon jahrzehntelang bekannten Orangen- und Zitronenlimonaden sicherlich leicht haben wird, sich durchzusetzen.

2. Zudem ist der Name «Tropical Beach» äußerst werbewirksam. Alles, was tropisch ist, weckt Fernweh und kommt an.

3. «Tropical Beach» gibt es auch ohne Zucker – für Kalorienbewußte und Diabetiker.

4. Wegen der den Packungen beigegebenen attraktiven Abziehbilder werden viele Kinder ihren Eltern in den Ohren liegen, sie mögen «Tropical Beach» doch endlich auch einmal ausprobieren!

5. «Tropical Beach» ist trotz seines erlesenen, außergewöhnlichen Geschmacks nicht teurer als andere Limonaden, die derzeit auf dem Markt sind.

6. Es eignet sich hervorragend für Longdrinks und Mixgetränke, denen es ein exotisches Flair verleiht.

7. Und es ist wegen des hohen Vitamin-C-Gehalts ein erfrischender Energiespender für heiße Sommertage.

8. Die anderen Lebensmittelketten, die Ihre Firma bereits mit «Tropical Beach» beliefert, sind begeistert von diesem Produkt, da es sich ausgezeichnet verkauft.

9. Das Format der Dosen – nicht rund, sondern fünfeckig – ist originell und hebt das Produkt von allen anderen Limonaden ab.

10. Zudem lassen sich die Dosen wegen der am Rand angebrachten Plastiklasche bequem mit einem Finger tragen.

11. Die auf den Dosen abgebildete exotische Landschaft in warmen Rot-, Grün- und Gelbtönen ist äußerst werbewirksam.

12. Um das Produkt noch attraktiver zu machen, will Ihre Firma im Laufe der nächsten Wochen ein Preisausschreiben organisieren, bei dem es mehrere Reisen in tropische Länder zu gewinnen gibt.

Und nun beweisen Sie sich selbst, daß Sie ein Verkaufsgenie sind, das die wichtigsten Punkte eines Verkaufsgesprächs mühelos im Gedächtnis behalten kann! Je besser Sie sich die Vorzüge von «Tropical Beach» eingeprägt haben, um so leichter wird es Ihnen fallen, Ihr Gegenüber zu überzeugen: Denn dann brauchen Sie keine Energie mehr darauf zu verschwenden, in allen Ecken und Winkeln Ihres Gehirns nach Argumenten zu suchen, die Ihnen eventuell entfallen sein könnten, sondern können sich ganz auf Ihren Gesprächspartner und dessen Reaktionen konzentrieren.

Testen Sie Ihr Gedächtnis!

Versuchen Sie es einmal! Schreiben Sie die obigen zwölf Argumente auswendig nieder, und vergleichen Sie Ihren Text dann mit dem Original.

1. ______________________________

____

______________________________ ☐

2. ______________________________

____

______________________________ ☐

3. ______________________________

____

______________________________ ☐

4. ____

____

____ ☐

5. ____

____

____ ☐

6. ____

____

____ ☐

7. ____

____

____ ☐

8. ____

____

____ ☐

9. ____

____

____ ☐

10. ____

____

____ ☐

11. ____

____

____ ☐

12. ____

____

____ ☐

Sind Sie ein Verkaufsgenie?

10 bis 12 Richtige: Herzlichen Glückwunsch! Sie haben es geschafft. Der Inhaber der Lebensmittelkette ist überzeugt davon, daß seine Kunden ohne «Tropical Beach» nicht mehr länger leben können.

7 bis 9 Richtige: Sie müssen noch üben. Aber Sie sind auf dem richtigen Weg: Ihr Kunde will sich die Sache erst einmal in Ruhe überlegen. Wenn Sie ihn in einigen Tagen noch einmal anrufen – und dann die Argumente nachliefern, die Ihnen bei Ihrem heutigen Gespräch leider entfallen sind –, haben Sie gute Chancen.

0 bis 7 Richtige: Dieses Verkaufsgespräch ist leider danebengegangen! Der Lebensmittelhändler wird seinen Kunden weiterhin Zitronen- und Orangenlimonade verkaufen. Um den Umsatz Ihrer Firma zu heben, werden sie wohl selbst etliche Dosen «Tropical Beach» erstehen müssen ...

Aber das ist noch lange kein Grund, zu verzweifeln. Nehmen Sie einmal eine Illustrierte zur Hand und studieren Sie die Reklameanzeigen. Verknüpfen Sie die einzelnen Sätze der Reklamen mit den Zahlensymbolen, speichern Sie sie und rufen Sie sie anschließend wieder ab. Üben Sie jeden Abend mit einer Reklameanzeige. Das wird nicht nur Ihr Gedächtnis schärfen, sondern gibt Ihnen gleichzeitig auch ein gutes Gespür für werbewirksame Verkaufsargumente.

Adressen und Telefonnummern notieren – wozu?

Wie oft ist es Ihnen schon so gegangen: Sie wollten sich eine Telefonnummer notieren, hatten aber gerade nichts zum Schreiben dabei. Mit Hilfe der Zahlensymbolmethode ist es nun kein Problem mehr für Sie, solche Nummern im Kopf zu behalten! Kugelschreiber und Notizblock sind nichts weiter als eine archaische Einrichtung für Menschen, die noch nichts von Gedächtnistraining gehört haben.

Aber, werden Sie sagen, bis jetzt habe ich doch nur die Zahlensymbole von 1 bis 12 gelernt! Wie kann ich mir denn damit fünf- bis sechsstellige Telefonnummern und womöglich auch noch die Vorwahl dazu einprägen?

Das ist ganz einfach. Sie gehen nach dem gleichen Verknüpfungsprinzip vor, das Sie auch bisher schon angewandt haben. Nur daß Sie diesmal eben nicht Worte untereinander oder Worte mit Zahlensymbolen verknüpfen, sondern einfach mehrere Zahlensymbole mit Hilfe einer lustigen Bildergeschichte aneinanderketten!

Ein Beispiel: Nehmen wir an, Sie wollen sich die Telefonnummer 94632 merken. Das bedeutet, Sie müssen die Zahlensymbole Schlange – Kleeblatt – Elefantenrüssel – Dreizack – Schwan miteinander verknüpfen, und zwar in der richtigen Reihenfolge, damit Sie sich nicht aus Versehen 94362 merken statt 94632. Sie müssen also eine Szene oder Geschichte erfinden, in der die Zahlensymbole nacheinander genau in dieser Reihenfolge vorkommen.

Wie kam der Elefant zu seinem Rüssel?

Ganz einfach. Vor vielen, vielen Jahren fraß eine Schlange ein vierblättriges Kleeblatt, das ihr nicht gut bekam. Sie begann daraufhin wie wild um sich zu beißen. Als sie einem Elefanten begegnete, verbiß sie sich so fest in seinen Kopf, daß sie gar nicht mehr loskam. Seitdem gibt es auf der Welt eine Giftschlange weniger – und der Elefant hat ein sehr nützliches Werkzeug dazubekommen, mit dem er uns Menschen Lasten tragen hilft. Als nächstes kommt die Drei: ein Jäger, der den Elefanten mit seinem Dreizack in den Hintern piekst! Laut trompetend läuft der Elefant davon. Um dem Jäger zu entfliehen, setzt er sich auf den Rücken eines Schwans, der sich in die Lüfte erhebt und mit ihm davonfliegt.

Sehen Sie diese Geschichte nicht nur in strikter zeitlicher Abfolge vor sich – damit Sie die Reihenfolge der Zahlen nicht durcheinanderbringen –, sondern nach Möglichkeit auch noch von links nach rechts; das ist eine zusätzliche Gedächtnisstütze für die Reihenfolge. Das heißt also: Die Schlange müssen Sie ganz links sehen, dann rechts von ihr das Kleeblatt, das sie frißt; den Elefanten dann noch weiter rechts. Auch der Jäger, der den Elefanten mit seinem Dreizack bedroht, kommt von rechts; und der Schwan fliegt nach rechts davon.

Noch ein Beispiel, damit Sie ein wenig Routine bekommen: 51911. Sie verbrennen sich die Hand (5) an einer Kerzenflamme (1) und verbinden die Wunde mit einer Schlange (9). Achten Sie dabei wieder darauf, daß die Hand, die sich an der Kerze verbrennt, sich von links nach rechts bewegt und die Schlange zum Verbinden dann von noch weiter rechts herkommt. Auf diese Weise gehen Sie sicher, daß Sie sich die Zahlen in der richtigen Reihenfolge einprägen.

Nun könnten Sie für die letzten beiden Ziffern natürlich noch zwei brennende Kerzen in Ihr Bild einbauen – zum Beispiel tropfen Sie aus zwei Kerzen statt Wachs Wundsalbe auf Ihre Hand –; Sie können es sich aber auch etwas einfacher machen: Das Zahlensymbol für die Elf sind Spaghetti. Wechseln Sie doch einfach Ihren Schlangenverband und ersetzen Sie ihn durch Spaghetti! Das ist schließlich auch viel ungefährlicher – Spaghetti beißen nicht.

Als nächste Telefonnummer wollen wir uns die 30827 einprägen.

Diese Nummer stellt uns vor ein neues Problem, denn sie enthält eine Null, und für diese Zahl haben wir bis jetzt noch kein Symbol.

Kein Problem – dann erfinden wir eben eins! Der Ball bietet sich an, wäre aber nicht so günstig, weil dann Verwechslungsgefahr mit dem Symbol für die Zehn – einem Golfschläger mit Ball – besteht. Also schlage ich als Symbol für die Null ein Hühnerei vor.

Und nun ist die Zahl 30827 kein Problem mehr: Sie spießen mit einem Dreizack ein Ei auf; daraufhin verformt es sich zur Eieruhr. Aus der Eieruhr schlüpft ein Schwan, der stolz und aufrecht davonschwimmt und einen Wimpel im Schnabel trägt.

Versuchen Sie es nun mit folgenden Nummern:

12391
61084
51130
84497
11125
13421
66690
43572
90012
25637

Schauen Sie sich jeweils eine Nummer intensiv an, bilden Sie Ihre Assoziation, und dann schließen Sie das Buch und beschäftigen Sie sich eine oder zwei Minuten lang mit etwas anderem (Sie können zum Beispiel die Blumen gießen, einen kurzen Zeitungsartikel überfliegen, sich eine Tasse Kaffee kochen usw.). Anschließend schreiben Sie die Zahl auswendig auf ein Stück Papier und prüfen Sie nach, ob Sie sie noch richtig wußten.

Wenn Sie sich zu den Telefonnummern auch noch Vorwahlen merken möchten, schlage ich vor, daß Sie für Vorwahl und Telefonnummer zwei gesonderte Geschichten erfinden, wobei die zweite vielleicht die Fortsetzung der ersten ist.

Zum Beispiel: 0711/42894

Sie servieren Ihrer Frau ein Frühstücksei und stecken als Verzierung einen kleinen Wimpel darauf. Ihre Frau garniert das Ei mit Spaghetti, ehe sie es ißt!

Und nun die Fortsetzung der Geschichte: Ihrer Frau ist das Frühstücksei mit den Spaghetti nicht so gut bekommen. Um den eigenartigen Geschmack wieder loszuwerden, kaut sie ein vierblättriges Kleeblatt. Doch sie hat Konkurrenz: Ein Schwan kommt angeschwommen, will das Kleeblatt ebenfalls fressen und versucht es ihr aus dem Mund zu reißen. Zwischen den beiden entbrennt ein erbitterter Kampf, in dem der Schwan allerdings den kürzeren zieht: Denn aus der Eieruhr Ihrer Frau entsteigt plötzlich eine böse zischende Schlange, die den Schwan ins Bein beißt. Er sucht daraufhin das Weite, und Ihre Frau teilt sich mit der Schlange das Kleeblatt (die letzte Ziffer ist wieder eine Vier, also muß das Kleeblatt noch einmal in der Geschichte vorkommen).

Gar nicht so einfach! Aber mit ein wenig Übung meistern Sie auch diese Hürde. Außerdem ist es gar nicht immer notwendig, sich die Vorwahl zu merken. Wenn Ihnen das zu umständlich ist, gibt es zahlreiche andere Alternativen.

Bei größeren, bekannteren Städten (Berlin zum Beispiel, München, Köln, Frankfurt, Hamburg oder Stuttgart) ist es viel praktischer, statt der Vorwahl irgendein prägnantes Bild zu verwenden, das Sie mit dieser Stadt in Zusammenhang bringen: Bei Berlin könnte es zum Beispiel die Gedächtniskirche sein oder der Ku'damm oder eine in zwei Hälften geteilte Stadt, bei München ein großer Bierkrug oder ein Dirndl, bei Köln der Kölner Dom, bei Frankfurt ein Paar Frankfurter Würstchen; für Hamburg stellen Sie sich einen großen Hafen oder einen Seemann vor, bei Stuttgart können Sie den Fernsehturm vor sich sehen. Außerdem brauchen Sie Ihr Gehirn ja nicht mit überflüssigen Zahleninformationen zu belasten; wenn Sie die Stadt wissen, können Sie die Vorwahl leicht nachschlagen oder bei der Auskunft erfragen.

Wenn es sich um eine kleinere Stadt handelt, die Ihnen aber bekannt ist, lassen Sie Ihre lustige Szene einfach vor den Kulissen dieser Stadt spielen – in einer Straße, die Sie gut kennen, in einem Café, in dem Sie schon einmal gesessen haben, usw.

Und selbst wenn Sie sich für die Stadt beim besten Willen kein Bild vorstellen können, weil Sie sie nicht kennen, ist das noch kein Grund, zu resignieren. Erinnern Sie sich noch daran, wie wir dieses Problem in dem Kapitel «So merke ich mir Namen und Gesichter» gelöst haben?

Richtig. Sie haben für Namen, die Ihnen nichts sagten, einfach Ersatzwörter gefunden, die man sich leicht bildlich vorstellen kann. Das geht mit Städtenamen ebenso leicht wie mit Familiennamen – oft sogar noch leichter.

Versuchen wir es einmal!

Würzburg – Sie nehmen einen Salzstreuer und würzen damit eine Burg.

Weißach – Ihre Kinder haben Kuchen gebacken und sind jetzt über und über mit Mehl bestreut, also weiß. Ihre Frau schlägt entsetzt die Hände über dem Kopf zusammen und ruft: «Ach!»

Pinneberg – Ihr Hund hebt das Bein und pinkelt (entschuldigen Sie, bitte!) an einen Berg.

Großgerau – Ihr Kollege ist Ihnen zu groß geworden. Für Sie ist gar kein Platz mehr im Büro. Wütend sagen Sie zu ihm: «Geh raus!»

Mönsheim – ein Heim, in dem viele Mönche wohnen.

Gut, dann können wir uns jetzt dem nächsthöheren Schwierigkeitsgrad zuwenden – Telefonnummern in Verbindung mit Namen.

Nehmen wir an, Herr Klausen hat die Telefonnummer 10542. Was fällt Ihnen dazu ein?

Sie sitzen in einer Klause und bestellen ein Frühstück. Da gerade Stromausfall ist, hält die Wirtin eine brennende Kerze an das Frühstücksei und kocht es auf diese Weise. Und da sie auch kein Besteck und kein Geschirr hat, köpft sie es anschließend mit einem eleganten Handkantenschlag und serviert es in ein vierblättriges Kleeblatt gehüllt. Ihnen behagt dieses frugale Frühstück aber nicht, und daher verwandeln Sie sich in einen Schwan und schwimmen davon.

Herr Iordannis hat die Nummer 54387.

Erinnern Sie sich noch an das Ersatzwort, das Sie für den Namen Iordannis gebildet hatten?

Aber sicher. Herr Iordannis schwimmt durch den Jordan, erkältet sich dabei und fängt an zu niesen!

Am anderen Ufer streckt ihm jemand eine helfende Hand entgegen, um ihn aus dem Wasser zu ziehen. Und um ihn zu stärken, bereitet sein Retter ihm einen Salat aus vierblättrigen Kleeblättern, den er mit einem Dreizack mischt. Merkwürdige Sitten, nicht wahr? Und nun streut dieser seltsame Mann auch noch Sand aus einer Eieruhr über den Salat! Und statt einer Gabel drückt er Herrn Iordannis einen Wimpel in die Hand und erklärt ihm, er solle die Salatblätter damit aufspießen.

Nun versuchen Sie es selbst einmal mit folgenden Namen und Telefonnummern:

Klausen – 706091

Klapheck – 10512

Müller – 23680

Nauhaus – 13465

Boskowskij – 43387

Reiser – 60059

Eisenhardt – 41157

Meisnest – 80977

Pokorny – 11340

Rommel – 41256

Dekorsky – 52210

Jordannis – 6405863

Prägen Sie sich diese Nummern zusammen mit den Namen ein. Dann decken Sie die linke Seite ab und machen Sie den folgenden Test. Unten finden Sie die Namen in veränderter Reihenfolge wieder; schreiben Sie die Telefonnummern daneben!

Jordannis ________________

Meisnest ________________

Reiser ________________

Klausen ________________

Boskowskij ________________

Pokorny ________________

Rommel ________________

Dekorsky ________________

Klapheck ________________

Nauhaus ________________

Müller ________________

Eisenhardt ________________

Dann dürfen Sie die linke Seite wieder aufdecken und prüfen, ob Sie sich alle Telefonnummern richtig gemerkt haben.

Wenn Sie von den zwölf Nummern acht bis zehn noch richtig wußten, haben Sie für den Anfang schon recht gut abgeschnitten.

Sie können nun weiter üben, indem Sie – allein oder spielerisch mit einem Partner – aufs Geratewohl das Telefonbuch aufschlagen, mit dem Finger auf eine beliebige Stelle tippen und den an dieser Stelle stehenden Namen samt Nummer auf Karteikärtchen schreiben, und zwar so, daß der Name auf der einen Seite des Kärtchens steht, die Nummer auf der anderen. Dann prägen Sie sich Namen und Nummern ein und rufen Sie sie anschließend wieder ab, und zwar in beiden Richtungen: Das heißt, Sie legen die Kärtchen zuerst so hin, daß die Namen nach oben zeigen, und versuchen sich an die Nummern zu erinnern, und dann umgekehrt. Wenn Sie mit einem Freund oder Kollegen üben, erhält derjenige, der den Namen bzw. die Nummer noch wußte, das Kärtchen. Und wer am Schluß die wenigsten Kärtchen hat, muß ein Bier ausgeben!

Nachdem Ihnen das Prinzip klargeworden ist, brauche ich zum Thema «Namen und Adressen» nicht mehr viele Worte zu verlieren. Wenn Sie sich merken möchten, daß Herr Grünholz in der Vogelsangstraße 29 wohnt, verknüpfen Sie eben die Namen «Grünholz» und «Vogelsangstraße» mit den Symbolen für die Zahlen 2 und 9. Und wenn Sie sich dazu auch noch die Stadt Köln einprägen wollen, bauen Sie den Kölner Dom in Ihr Bild ein. Auch hier bietet das Telefonbuch reichlich Gelegenheit zum Üben.

Jahreszahlen, Termine und Statistiken leichtgemacht

Wenn Sie sich mehrstellige Zahlen einprägen möchten, gehen Sie nach dem gleichen Prinzip vor wie bei den Telefonnummern – das heißt, Sie verknüpfen die Symbole für die einzelnen Ziffern miteinander, und zwar in so exakt festgelegter Reihenfolge, daß keine Verwechslungen auftreten können.

Das heißt, wenn Sie sich aus irgendeinem Grund die Zahl 29 merken müssen, stellen Sie sich einen Schwan vor, der (von links) auf eine Schlange zuschwimmt und mit ihr zu kämpfen beginnt. Und wenn Sie sich die 2910 einprägen müssen, kämpfen Schwan und Schlange eben nicht miteinander, sondern spielen Golf!

So einfach ist das. Auf Übungen möchte ich an dieser Stelle verzichten, da Sie sich mit Hilfe der Zahlenkärtchen von 1 bis 12 leicht selbst interessante und abwechslungsreiche Übungen zusammenbasteln können. Spielen Sie das Gedächtnis- und Kreativitätsspiel anfangs zu zweit (das heißt, mit zwei nebeneinanderliegenden Zahlenkärtchen) und später auch zu dritt oder zu viert, so daß vier- bis fünfstellige Zahlen entstehen. Üben Sie, sich spielerisch Zahlen einzuprägen, wo immer sie Ihnen begegnen – in der Zeitung, am Arbeitsplatz, bei Geburtstagen, im Parkhaus. (Haben Sie Ihr Auto früher öfters verzweifelt gesucht, weil Sie die Nummer Ihres Parkplatzes vergessen hatten? Das wird Ihnen jetzt nicht mehr passieren.)

Der Trick mit den mehrstelligen Zahlen ermöglicht es Ihnen auch, sich Jahreszahlen oder Ziffern einer Verkaufsstatistik einzuprägen.

Versuchen wir es einmal mit einigen wichtigen Jahreszahlen aus der Geschichte.

1789 begann die Französische Revlution.

1929 kam es zur Weltwirtschaftskrise.

Der Erste Weltkrieg begann im Jahr 1914.

Im Jahr 800 wurde Karl der Große zum König gekrönt.

1517 bekundete Martin Luther mit seinem berühmten Thesenanschlag seinen Protest gegen die Mißstände in der katholischen Kirche.

Verknüpfen Sie nun die Symbole für die Ziffern, aus denen die Jahreszahlen bestehen, zu einer Bildergeschichte, und bauen Sie die historischen Fakten einfach in diese Geschichte ein.

Beim «Verbildern» dieser Fakten dürfen Sie Ihrer Phantasie wieder freien Lauf lassen. Eine Revolution kann man sich leicht vorstellen, einen Weltkrieg ebenso – und wenn Sie Schwierigkeiten haben, sich zu merken, daß es sich um den Ersten Weltkrieg handelt, dann lassen Sie die Menschen statt mit Waffen eben mit Kerzen kämpfen. (Die Kerze ist das Symbol für die Zahl Eins.)

Den Begriff «Weltwirtschaftskrise» müssen Sie nicht unbedingt wörtlich nehmen. Sie können ihn auch in ein lustiges Bild übersetzen. Zum Beispiel könnten Sie sich vorstellen, daß auf der ganzen Welt alle Wirtschaften geschlossen haben! Und Sie möchten so gern ein Bier trinken . . . Auch das ist eine «Wirtschaftskrise» von nicht zu unterschätzender Tragweite.

Martin Luther können Sie sich sicher leicht vorstellen, wie er mit erbittertem Gesicht seine Thesen an der Kirche anschlägt. Falls die Stadt Wittenberg Ihnen Probleme bereitet, übersetzen Sie sie in «Widmung» und «Berg» oder «Witwen» und «Berg».

Und was machen wir mit Karl dem Großen?

Wenn Sie einen Karl kennen, stellen Sie ihn sich riesengroß und mit einer Krone vor. Und wenn Sie das Pech haben, keinen zu kennen, dann ist es eben ein großer, ungeschlachter Kerl (statt Karl), der zum Kaiser gekrönt wird.

Und nun wollen wir sehen, ob Sie die Jahreszahlen alle im Gedächtnis behalten haben.

Wann begann der Erste Weltkrieg? ______ ☐

Was war im Jahr 1929? ______ ☐

Wann wurde Karl der Große zum Kaiser gekrönt? ______ ☐

Wann schlug Martin Luther seine Thesen an? ______ ☐

Und wann begann die Französische Revolution? ______ ☐

Leihen Sie sich das Geschichtsbuch Ihres Sohnes und üben Sie. Oder noch besser: Bringen Sie ihm das System bei und helfen Sie ihm bei der Vorbereitung auf seine Geschichtsklassenarbeiten!

Verkaufsziffern, Prozentzahlen und Termine können Sie sich nach dem gleichen Prinzip einprägen. Versuchen Sie es einmal:

Im letzten Jahr haben wir von diesem Buch 5378 Exemplare verkauft.

Buchhandlungen haben bereits 745 Exemplare von der neuen Auflage vorbestellt.

Wir konnten unseren Umsatz um 2,7 Prozent steigern.

Der Autor verlangt ein Honorar von 11,5 Prozent.

Sein Fernsehinterview findet am 3. 11. statt.

Und Sie haben heute um 9.15 Uhr eine Besprechung mit ihm.

Für den Begriff «Umsatz» greifen wir wieder auf unser bewährtes Symbol der klingelnden Kasse zurück. «Prozent» erinnert uns an Alkohol. Bauen Sie eine Schnapsflasche in Ihr Bild ein! Betrinken Sie sich vor Freude über die Umsatzsteigerung.

Wenn Sie für das Datum 3. 11. die Drei und zweimal die Eins miteinander verketten, so ist das noch nicht eindeutig genug: Es könnte sich statt des 3. 11. auch um den 31. 1. handeln. In solchen Fällen behelfen Sie sich, indem Sie einfach ein Symbol für den Herbst – fallende Blätter zum Beispiel – in Ihr Bild einbauen. Dann wissen Sie, daß der Termin im November stattfindet und nicht im Januar. (Sonst wären es Schneeflocken oder ein Schneemann.) Um sich zu merken, daß die Besprechung um 9.15 Uhr morgens und nicht etwa abends stattfindet, sehen Sie eine aufgehende Sonne vor sich.

Und so weiter ... Sie sind inzwischen sicherlich findig genug, um bei Doppeldeutigkeiten selbst auf zusätzliche Gedächtnisstützen zu kommen.

Testen Sie Ihr Gedächtnis!

Und nun testen Sie, ob Sie alle Zahlen richtig im Gedächtnis behalten haben:

Um wieviel Prozent konnten Sie Ihren Umsatz steigern?

______ ☐

Wann findet das Fernsehinterview des Autors statt?

______ ☐

Wie viele Exemplare haben Sie im letzten Jahr von diesem wichtigen Buch verkauft?

______ ☐

Um wieviel Uhr haben Sie Ihre Besprechung mit dem Autor?

______ ☐

Wie viele Exemplare von der neuen Auflage seines Buches wurden bereits vorbestellt?

______ ☐

Was für ein Honorar verlangt der Autor?

______ ☐

Auch Fahr- und Flugpläne bereiten Ihnen nun keine Probleme mehr. Es ist doch viel bequemer, seine Flug- oder Abfahrtszeit im Kopf zu haben, als ständig auf Notizzettel angewiesen zu sein!

Versuchen Sie es einmal, und Sie werden sehen, wie leicht es ist:

Der Zug nach Frankfurt fährt um 17.25 Uhr ab.

Die Maschine nach London startet um 12.30 Uhr.

Sie haben um 1.13 Uhr Anschluß nach München.

Der Bus zur Buchmesse fährt um 8.35 Uhr.

Sie müssen morgen früh um 7.45 Uhr nach Zürich fliegen.

Die Maschine nach Hamburg fliegt um 19.03 Uhr ab.

Der Zug kommt um 16.17 Uhr in Düsseldorf an.

Diese Uhrzeiten sind vollkommen eindeutig. 1 Uhr 13 (der Anschlußzug nach München) kann nicht mit 11 Uhr 3 verwechselt werden, denn die Zahlenfolge für 11 Uhr 3 würde 11.03 lauten – das heißt, in diesem Fall müßte man noch eine Null einbauen. Wenn Sie trotzdem Verwechslungen befürchten, können Sie zusätzlich Symbole für die Tageszeit – aufgehende oder untergehende Sonne, Nacht oder Mond usw. – in Ihre Assoziationsbilder einbauen.

Die Symbole für München und Hamburg kennen Sie bereits. (Sie erinnern sich sicher noch: Bierkrug oder Dirndl, Hafen oder Kapitän.) Für London und Zürich wird es Ihnen sicherlich nicht schwerfallen, welche zu finden – einen im Schwyzer Dialekt sprechenden Schweizer zum Beispiel für Zürich oder den berühmten Big Ben für London. Wenn Sie diese Städte bereits kennen – was in der Regel der Fall sein wird, wenn Sie geschäftlich dort zu tun haben –, können Ihre Bilder auch sehr persönlich geprägt sein: zum Beispiel der Pub in London, in dem Sie abends immer noch ein oder zwei Bierchen trinken, oder das Restaurant in Frankfurt, in dem Sie Stammgast sind ... Und Düsseldorf? Kein Problem. Aus Düsseldorf machen Sie einfach Diesel-Dorf oder Düsen-Dorf.

Und nun viel Spaß! Machen Sie Ihren Terminkalender arbeitslos! Prägen Sie sich die obigen Abfahrts- bzw. Ankunftszeiten ein. Anschließend machen Sie den Test auf der nächsten Seite.

Testen Sie Ihr Gedächtnis!

Wissen Sie die Termine noch? Decken Sie die linke Seite ab und setzen Sie Ihre kleinen grauen Zellen in Bewegung!

Wann startet die Maschine nach London? ______________ ☐

Um wieviel Uhr fährt der Bus zur Buchmesse ab? ______________ ☐

Wann kommt Ihr Zug in Düsseldorf an? ______________ ☐

Wann müssen Sie morgen nach Zürich fliegen? ______________ ☐

Welcher Zug fährt um 17.25 Uhr ab? ______________ ☐

Und wohin fährt der Anschlußzug um 1.13 Uhr? ______________ ☐

Wann startet die Maschine nach Hamburg? ______________ ☐

Schwarze Katzen bringen Unglück

Wenn Sie mit dem Aneinanderketten von Zahlensymbolen Schwierigkeiten haben, gibt es auch noch andere Methoden, sich mehrstellige Zahlen einzuprägen. Viele Wege führen zum perfekten Zahlengedächtnis! Seien Sie flexibel, probieren Sie alle Methoden aus und entscheiden Sie sich dann für diejenige, die Ihnen persönlich am leichtesten fällt.

Schauen Sie sich die folgenden acht Bilder an. Das sind unsere Symbole für die Zahlen 13 bis 20.

Zur Nummer 13 brauche ich sicher nicht viel zu sagen. Die Dreizehn ist eine Unglückszahl – und es soll angeblich auch Unglück bringen, wenn einem eine schwarze Katze über den Weg läuft. Wenn Sie die Katze etwas genauer unter die Lupe nehmen, werden Sie außerdem entdecken, daß der Katzenschwanz eine Eins bildet, während Kopf und Rücken wie eine Drei geformt sind. Das kann Ihnen als zusätzliche Gedächtnisstütze dienen.

Der Blitz bei der Zahl 14 sieht aus wie eine Vier. Wenn Sie Verwechslungen mit dem Symbol für die Zahl Vier – dem vierblättrigen Kleeblatt – befürchten, können Sie sich vor dem gezackten Blitz auch noch einen geraden Blitz als Eins vorstellen. Dann ist die 14 komplett.

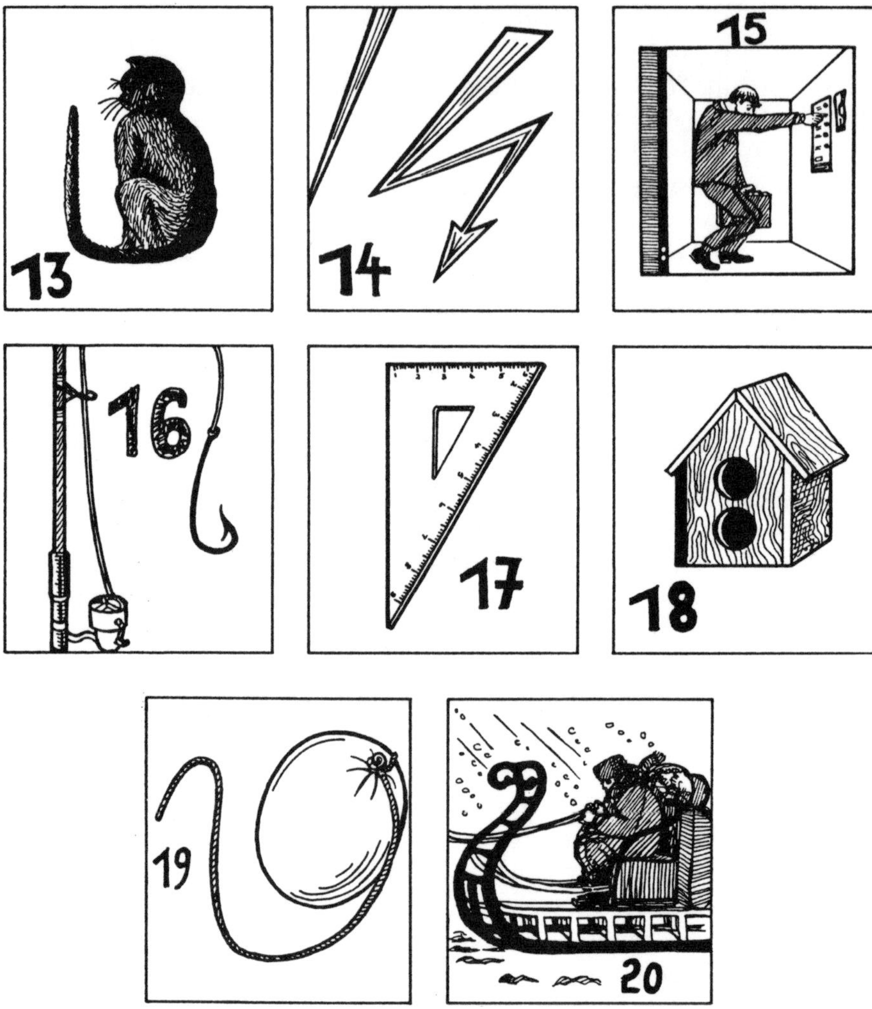

Bitte stören Sie sich nicht daran, daß die Bilder für die Zahlen 14 bis 20 nun nicht mehr ganz so passend sind; so leicht wie bei den einstelligen Zahlen lassen sich die Bilder bei zweistelligen Zahlen leider nicht kombinieren. Aber da Sie jetzt auf dem Gebiet der Zahlensymbole schon ein «alter Hase» sind, werden Ihnen auch diese Bilder keine Schwierigkeien bereiten.

Das Bild für die Zahl 15 stellt einen Menschen in einem Fahrstuhl dar. Die linke Außenkante des Fahrstuhls ist die Eins; der Mensch bildet durch seine Körperhaltung während des Drückens der Fahrstuhlknöpfe eine Fünf. Als zusätzliche Gedächtnisstütze können Sie sich merken, daß er in den fünfzehnten Stock will.

Ebenso einfach ist es bei der Zahl 16: Die Angelrute bildet die Eins, der Angelhaken die Sechs.

Das Winkeldreieck als Symbol für die Zahl 17 ist ebenfalls leicht zu merken. Stellen Sie sich die senkrechte Vorderleiste als Eins und die beiden anderen Leisten als Sieben vor.

Wenn Sie beim Zahlensymbol für die 18 die beiden Schlupflöcher in dem Vogelkasten als Acht identifiziert haben, so ergibt sich aus der Form des Daches mit etwas Phantasie leicht eine dazu passende Eins.

Die Zahl 19 ist «in einem Guß» dargestellt: Der Ballen und der nach unten zeigende Faden bilden die Neun, der nach oben abgeknickte Fadenrest die Eins.

Das Symbol für die Zahl 20 stellt einen Schlitten mit Gepäck dar. Die hochgezogenen Schlittenkufen bilden die Zahl 2, die Sitzfläche ist wie eine Null geformt.

Bitte schauen Sie sich die Bilder von 13 bis 20 noch einmal genau an. Dann schließen Sie die Augen und gehen Sie die Zahlensymbole in Gedanken Bild für Bild durch. Zuerst vorwärts, dann rückwärts und zum Schluß in ungeordneter Reihenfolge. Als kleine Lernhilfe sollten Sie sich eine Kopie der Zahlensymbole 1 bis 20 an den Spiegel kleben; dann sehen Sie diese Bilder, die wirklich sehr oft verwendbar sind, jeden Morgen beim Rasieren und Zähneputzen. Eine verkleinerte Kopie der Symbole kleben Sie in Ihren Terminkalender, innen in Ihre Brieftasche und auf Ihre Schreibtischunterlage.

Ich kenne Seminarteilnehmer, die sich die Zahlensymbole sogar über das Bett gehängt oder von innen an die Toilettentür geklebt haben. Die wenigen Minuten, die man täglich an diesem «stillen Örtchen» verbringt, genügen, um sich nicht nur die Symbolbilder bis 20 gut einzuprägen, sondern sogar die Zahlensymbole bis 50 oder bis 100, auf die wir gleich eingehen werden.

So übersetzt man Zahlen in Wörter

Bei den Zahlen ab 20 wird es schon etwas schwieriger. Daß zweistellige Zahlen sich nicht so gut «verbildern» lassen wie einstellige, haben Sie ja schon bei den Symbolen von 14 bis 20 gemerkt.

Daher haben berühmte Gedächtnisspezialisten eine Methode entwickelt, mit der man sich auch mehrstellige Zahlen merken kann.

Diese Methode ist übrigens nicht neu. Schon im 17. Jahrhundert wurde sie von dem deutschen Gelehrten Mink von Wennsheim angewandt, ein Jahrhundert später von dem englischen Gelehrten Dr. Richard Grey abgewandelt und im 20. Jahrhundert von dem amerikanischen Gedächtnistrainer Harry Loraine so bearbeitet, daß sie sich leicht anwenden läßt.

In unserem Zahlensystem gibt es 10 Ziffern:

0 1 2 3 4 5 6 7 8 9.

Wir werden nun jeder dieser Ziffern einen odere mehrere Konsonanten zuordnen.

1 = T, D

Wie kann man sich diese Verbindung merken?

Ganz einfach. Mit ein wenig Phantasie läßt sich eine Ähnlichkeit zwischen der Ziffer 1 und einem kleinen t feststellen. Außerdem hat das T nur einen Längsstrich. Und da das D mit dem T verwandt ist, soll es in unserem Zahlenschlüssel ebenfalls für die Zahl Eins stehen,

2 = N

Auch das ist leicht zu merken. Das kleine n hat zwei Längsstriche.

3 = M

Das kleine m hat 3 Längsstriche.

4 = R

Wie prägt man sich das ein? Kein Problem! Das Wort «vier» endet mit einem R.

5 = L

Der Buchstabe L steht im Römischen für die Zahl 50.

6 = SCH, CH

Im Klangbild des Wortes «sechs» steckt ein ch; sch ist mit ch verwandt. Also auch nicht schwer zu merken.

7 = G, K, CK, J, Q

Sieben Tage hat die Woche – am siebten Tag, dem Sonntag, ist man von der harten Arbeit *k.* o. und ruht sich aus.

8 = F, V

Wenn man zwei kleine f's nebeneinanderstellt – das eine richtig herum, das zweite seitenverkehrt – entsteht ein Gebilde, das wie eine unten offene 8 aussieht. Wenn Sie mir nicht glauben, zeichnen Sie die beiden f's doch einmal!

9 = P, B

Die 9 sieht so ähnlich aus wie ein seitenverkehrtes P. Dazu kommt noch das klangverwandte weiche B.

0 = S, Z, C, ß

Die Null heißt beim Roulettespiel «Zero». Daher ordnen wir ihr die Laute Z, S, C und ß zu.

Das ist nun unser Buchstabenschlüssel, mit dessen Hilfe wir alle Zahlen – ganz gleichgültig, wie lang sie sind – in Wörter «übersetzen» und uns auf diese Weise bildlich vorstellen können. Vokale spielen bei diesem Buchstabenschlüssel keine Rolle; sie dienen nur als Füllmaterial, mit dem man die Lücken zwischen den einzelnen Konsonanten schließt.

Vielleicht ahnen Sie jetzt schon, wie das System funktioniert?

Es ist wirklich ganz einfach. Nehmen wir an, Sie möchten sich die Zahl 402 einprägen. Erinnern Sie sich noch an den Buchstaben für die Zahl 4? Ja, richtig – es war das R (denn das Wort «vier» endet mit einem R). Als Buchstaben für die Null hatten wir S, Z, C und ß (wegen der «Zero» beim Roulettespiel). Und der Buchstabe für die Zahl 2 ist das N mit den zwei Längsstrichen.

Nun müssen wir einfach ein Wort finden, in dem die Konsonanten R – S, Z, C, ß – N in dieser Reihenfolge vorkommen. Die Vokale – also a, e, i, o, u – können Sie beliebig einsetzen. Doppelkonsonanten – wie zum Beispiel in Ra*tt*e, Ra*ss*e, re*nn*en – gelten nur als ein Buchstabe, da man den betreffenden Laut ja auch nur einmal hört. Wir orientieren uns bei unserem System an dem, was man hört, nicht am Schriftbild.

R – S, Z, C, ß – N: Da gibt es viele Möglickeiten. *Rasen, Rosen, reisen, reißen, Arsen, Rosine* . . . Entscheiden Sie sich für das Wort, das Ihnen spontan einfällt oder das Sie sich am leichtesten bildlich vorstellen können. Und wenn Sie sich nun merken möchten, daß Ihr Parkplatz die Nummer 402 hat, stellen Sie sich einfach vor, daß im Lenkrad Ihres Autos ein Strauß roter *Rosen* steckt. Oder ein wütender Polizist zerreißt Ihr Auto; oder das Auto verwandelt sich vor Ihren Augen in eine *Rosine* . . .

Auf diese Weise können Sie alle Zahlen in Wörter oder Wortkombinationen verwandeln. Versuchen Sie es einmal mit folgenden Zahlen. Schreiben Sie das Wort daneben, das Ihnen am ehesten dazu einfällt:

24 ______________________________

48 ______________________________

57 ______________________________

372 ______________________________

562 ______________________________

411 ______________________________

9572 ______________________________

9014 ______________________________

3740 ______________________________

Nun – ist es Ihnen gelungen?

Sicherlich mußten Sie bei einigen Zahlen etwas länger nachdenken. Das liegt daran, daß Ihnen die Buchstaben-Zahlenverbindungen noch nicht so vertraut sind. Sobald Ihnen die Methode in Fleisch und Blut übergegangen ist, werden Sie in Minutenschnelle selbst die längsten Zahlen in Wörter übersetzen können. Es wird Ihnen ebenso automatisch von der Hand gehen wie Schreibmaschineschreiben oder Autofahren.

Nun einige Beispiele, in welche Wörter oder Wortfolgen man die Zahlen übersetzen könnte:

24: Narr, nur, Niere

48: Reif, Ruf, raffe, raufe

57: Lüge, Lage, Lücke, Luke, Lack, Alge, Lakai

372: Magen, Mücken, mögen, im Kahn, Oma kann ...

562: lachen, lauschen, löschen

411: ratet, reitet, rodet, rot – Deo

9572: balgen, Balken, Balkon, Belgien, billigen

9014: Biester, bester, Bus – Tor, beißt er?

3740: mager – Hose, mag er Eis?, mag er sie?

Bei einigen Zahlen wird es Ihnen sicher sehr leicht gefallen sein, sie in Wörter umzuwandeln; bei anderen mußten Sie wahrscheinlich ziemlich lange überlegen. Das ist reine Übungssache. Wenn Sie es ein paar Wochen lang praktizieren, geht es bald wie von selbst.

Doch um Ihnen den Kampf mit den Zahlen ein wenig zu erleichtern, haben wir uns für die Zahlen 21 bis 100, die man besonders häufig braucht, feststehende Ersatzbegriffe ausgedacht.

Lesen Sie sich die Zahlen und die dazugehörigen Ersatzbegriffe einmal durch und versuchen Sie dabei auch gleich Bilder vor sich zu sehen:

21: Note
22: Nonne
23: Name
24: Narr
25: Nil
26: Nische
27: Nacken
28: Neffe
29: Nabel

30: Maus
31: Matte
32: Mohn
33: Mumie
34: Meer
35: Maul
36: Masche
37: Mücke
38: Muff
39: Mappe

40: Rose
41: Rad
42: Rinne
43: Rahm
44: Rohr
45: Rolle
46: Rüsche
47: Rock
48: Riff
49: Rabe

50: Lasso
51: Latte
52: Leine
53: Lama
54: Lehrerin
55: Lilie
56: Lasche
57: Lack
58: Lava
59: Lippe

60: Schatz
61: Schutt
62: Schein
63: Schwamm
64: Schere
65: Schal
66: Scheich
67: Scheck
68: Schiff
69: Schippe

70: Käse
71: Kitt
72: Kanne
73: Kamm
74: Karre
75: Kohle
76: Koch
77: Kuckuck
78: Kaffee
79: Kappe

80: Faß
81: Fett
82: Finne
83: Familie
84: Fuhre
85: Feile
86: Fisch
87: Feige
88: Vivil
89: Fibel

90: Bus
91: Boot
92: Bohne
93: Baum
94: Bar
95: Ball
96: Busch
97: Bock
98: Apfel
99: Puppe
100: Das As

Nun können Sie selbst entscheiden, welche Methode Ihnen bei mehrstelligen Zahlen leichter fällt: die Verkettungsmethode, bei der Sie mehrere Zahlenbilder miteinander verknüpfen müssen, oder das Auswendiglernen der Zahlensymbole bis 100. Beide Methoden funktionieren gleich gut, wenn man ein wenig Routine hat.

Wenn Sie in Ihrem Beruf viel mit Zahlen zu tun haben, sollten Sie sich vielleicht die Mühe machen und die Zahlensymbole bis 100 auswendig lernen; dann haben Sie auf Anhieb Bilder für die Zahlen parat und brauchen sie nicht erst durch Verketten zu bilden. Wenn Sie sich nur selten mehrstellige Zahlen zu merken brauchen, wird Ihnen wahrscheinlich die Verkettungsmethode ausreichen.

Hinten im Buch sind auf einem auseinanderfaltbaren Blatt alle Zahlensymbole von 1 bis 100 abgebildet. Schauen Sie sich diese Bilder immer wieder an: in der Straßenbahn bei der Fahrt zur Arbeit, in der Mittagspause, beim Nachmittagskaffee und abends vor dem Einschlafen. Sie können das Blatt auch in verkleinertem Maßstab kopieren und an irgendeinen Ort hängen, auf den Ihr Blick öfters fällt. Auf diese Weise wird es Ihnen rasch gelingen, sich die Zahlensymbole einzuprägen.

Und nun wünsche ich Ihnen: 85 4857 31 43 94871 2052716120!

Abendstund' hat Gold im Mund

Nun sind Sie beim Training Ihres bildhaften Vorstellungsvermögens schon recht weit fortgeschritten.

Diese Fähigkeit hilft Ihnen nicht nur bei der Verbesserung Ihres Gedächtnisses; Sie können damit Ihr ganzes Leben in positivere, erfolgreichere Bahnen lenken.

Es ist erwiesen, daß Dinge, die wir uns intensiv bildhaft vorstellen, die Tendenz haben, sich zu verwirklichen. Gedanken, die in Bildern erlebt werden, haben eine größere Macht und realisieren sich wesentlich schneller als abstrakte Vorstellungen: Ja, die bildhafte Vorstellung ist bereits der erste Schritt zur Realisierung; denn um uns einen Wunsch oder Plan bildlich vorstellen zu können, müssen wir ihn geistig bereits in allen Details ausgearbeitet haben.

Große Sportler haben dieses Prinzip schon seit langem entdeckt und machen es sich zunutze. Sie gehen wichtige Spiele vorher im Geiste in allen Details durch, stellen sich ihren Erfolg intensiv vor – und erzielen dadurch bessere Ergebnisse. Ein Tischtennis-Profi erzählte mir einmal, daß er vor Turnieren in seiner Phantasie stundenlang mit seinem Gegner spielt und sich seine Schlagtechnik genau vorstellt. Das geht so weit, daß er das Spiel oft sogar träumt. Und manchmal wacht er nachts auf, hat plötzlich eine Idee, wie er einen Angriffsschlag seines Gegners kontern kann, und schreibt sie sich sofort auf, damit er sie am nächsten Morgen noch weiß.

Auch der berühmte Dichter Johann Wolfgang von Goethe legte mit dieser Methode den Grundstein zu seinem Erfolg. Als er einem Verlag einen Gedichtband anbieten wollte, stellte er sich das Gespräch mit dem Verleger vorher in allen Einzelheiten vor, überlegte sich auch die möglichen Einwände des Mannes und legte sich Gegenargumente zurecht. Und er hatte mit seiner Taktik Erfolg: Die Gedichte wurden gedruckt und erlangten Weltruhm.

Deshalb ist positives Denken so wichtig. Die positiven Vorstellungen beeinflussen unwillkürlich unser Handeln und damit unser Leben. Wer positiv denkt, ist im täglichen Leben automatisch aktiver, zupackender und erfolgreicher. Negative Gedanken und Bilder dagegen halten vom Erfolg ab, lassen uns ängstlich, unschlüssig und zaghaft werden. Der erste Schritt zum Erfolg ist der Glaube an den Erfolg!

Auch Sie können sich dieses Erfolgsrezept zunutze machen. Wenn Sie morgen eine Besprechung mit Ihrem Chef oder ein Verkaufsgespräch mit einem wichtigen Kunden haben, sehen Sie den Mann vor sich sitzen, stellen Sie sich vor, wie er reagieren wird und mit welchen Argumenten Sie ihn am besten für sich gewinnen können. Und dann spielen Sie das Gespräch im Geist genau durch, malen Sie sich aus, wie Sie ihn überzeugen, und genießen Sie das Erfolgserlebnis. Was Goethe konnte, können Sie auch! Zumindest auf dem Gebiet der Verhandlungstaktik.

Gewöhnen Sie sich an, am Abend, wenn Sie entspannt sind und ein wenig Abstand gewonnen haben, Ihren Tagesablauf noch einmal wie einen Film vor sich abrollen zu lassen. Überblicken Sie, was gut gelaufen ist, erleben Sie diese kleinen Erfolge noch einmal ganz intensiv und genießen Sie sie. Dann überlegen Sie sich, was Sie hätten besser machen können und wie.

Auf diese Weise können Sie Ihre Fehler und Schwächen erkennen und gezielt bekämpfen. Wählen Sie einen bestimmten Bereich Ihres Berufslebens aus, der noch der Verbesserung bedarf – beispielsweise Ihr mangelndes Geschick bei der Zeiteinteilung oder im Umgang mit einem schwierigen Mitarbeiter. Überlegen Sie, wie Sie Ihre Sache besser machen könnten, und stellen Sie sich diese Verbesserungen ganz konkret in Bildern vor. Die Bilder prägen sich ein und haben eine suggestive Wirkung auf Ihr Unterbewußtsein. Sie werden sehen, daß Sie auf dem gewählten Gebiet bald wie von selbst – allein durch die Macht Ihrer Zielbilder und Ihrer Konzentration – Verbesserungen erzielen! Wenn Sie sich heute abend zum Beispiel ausmalen, wie Sie Ihren nächsten Vormittag systematischer einteilen und besser nutzen, werden Sie das morgen früh automatisch in die Tat umsetzen.

Der günstigste Zeitpunkt für diese bildhafte «Vorprogrammierung» Ihres Tagesablaufs ist abends im Bett vor dem Einschlafen. Die Forschungen C. G. Jungs haben ergeben, daß unser wachbewußtes Denken nur die Spitze des Eisberges ist. Unsere Träume haben einen weitaus größeren Einfluß auf die Erfolge des Tagesgeschehens, als wir allgemein wissen. Viele Erfindungen wurden im Schlaf gemacht, viele Probleme durch «Überschlafen» gelöst. Im Wachbewußtsein denken wir analytisch, zergliedernd, aufteilend – mit einem Wort: mit unserer linken Gehirnhälfte. Im Schlaf dagegen übernimmt die rechte Gehirnhälfte die Regie. Dann sehen wir wie Kinder das Ganze; die einzelnen Teile des Puzzlespiels fügen sich ineinander. Wir verarbeiten, «verdauen» die Tagesereignisse, und wie eine Kuh das Futter wiederkäut, so ziehen im Traum gerade die ungelösten Probleme noch einmal vor unserem inneren Bildschirm vorüber.

Die Gedanken und Bilder, die wir mit in den Schlaf nehmen, wirken in unseren Träumen nach. Daher ist es wichtig, mit positiven Gedankenbildern und Zielvorstellungen einzuschlafen.

Unsere intuitive rechte Gehirnhälfte löst im Schlaf die Probleme, mit denen unsere linke Gehirnhälfte nicht zurechtgekommen ist.

Und legen Sie sich vorsichtshalber Notizblock und Bleistift ans Bett, falls Sie plötzlich aufwachen und Ihnen ganz unerwartet eine gute Idee kommt!

6.

Das Tieralphabet

Mit der Entwicklung eines perfekten Zahlengedächtnisses haben Sie die schwierigste Gedächtnishürde bereits übersprungen; denn Zahlen sind wegen ihres sehr abstrakten Charakters – und vor allem, weil es so unendlich viele gibt – am schwersten zu merken.
In diesem Kapitel verrate ich Ihnen, wie man Buchstaben in Bilder verwandelt und sich auf diese Weise einprägt. Nachdem Sie die Zahlen gemeistert haben, wird das ein Kinderspiel für Sie sein.

Ein Besuch im Zoo

In vielen Berufssparten und Lebensbereichen ist es sehr sinnvoll, wenn man sich Buchstaben leicht einprägen kann. Dann können Sie sich zum Beispiel die Nummer eines flüchtenden Autofahrers leicht im Kopf «notieren», falls Sie gerade nichts zum Schreiben bei der Hand haben. Auch Artikelbezeichnungen (in denen häufig Buchstaben vorkommen) und chemische und mathematische Formeln werden Sie mühelos im Gedächtnis behalten können. Und nicht zuletzt können Ihnen «Eselsbrücken» für Buchstaben gute Dienste leisten, wenn Sie längere Strecken mit dem Auto fahren und keinen Beifahrer haben, der Ihnen sagt, daß Sie nun von der A 8 auf die A 81 wechseln und dann auf die B 27 fahren müssen.

Deshalb habe ich mir für Sie ein System ausgedacht, mit dessen Hilfe man Buchstaben leicht im Gedächtnis behalten kann. Man verwandelt Sie einfach in Tiere! Diese Tiere lassen sich dann leicht in eine lustige Bildergeschichte einbauen. Jedem Buchstaben des Alphabets wird ein Tier zugeordnet, dessen Name mit dem betreffenden Buchstaben beginnt.

A = Affe

B = Bär

C = Chamäleon

D = Delphin

E = Esel

F = Frosch

G = Giraffe

H = Hund

I = Igel

J = Jaguar

K = Kakadu

L = Lamm

M = Mammut

N = Nashorn

O = Ochse

P = Pinguin

Q = Qualle

R = Robbe

S = Saurier

T = Tiger

U = Uhu

V = Vogel

W = Wolf

X = Echse

(das Wort «Echse» beginnt zwar mit E, doch der Konsonant in der Mitte wird wie «x» ausgesprochen)

Y = Hyäne

Z = Zebra

Bei den Umlauten Ä, Ö und Ü wird es schwierig. Es gibt keine Tiere, die mit diesen Buchstaben beginnen. Aber das macht nichts. Unser Zoo ist nun ohnehin schon groß genug. Ein Ä ist nichts anderes als ein A mit Punkten obendrauf. Also stellen wir uns für Ä einfach einen weißen Affen mit schwarzen Punkten vor, für Ö einen gepunkteten Ochsen und für Ü einen gepunkteten Uhu. Diese Vorstellung ist so skurril und außergewöhnlich, daß es bestimmt keine Verwechslung zwischen A und Ä, O und Ö oder U und Ü geben wird.

A
B
C
G
H
I
M
N
O
S
T
U
V

D
E
F
J
K
L
P
Q
R
W
X
Y
Z

Haben Sie sich die Tiere intensiv eingeprägt? Haben Sie den Uhu schreien und den Wolf heulen hören, den Frosch bei der Fliegenjagd beobachtet und zugeschaut, wie sich die Giraffe mit ihrem langen Hals ein paar Blätter von einem hohen Baum holt? Haben Sie sich an den Stacheln eines Igels gepiekst und erschrocken die Flucht vor einem riesigen Saurier ergriffen?

Dann wollen wir jetzt wieder einmal testen, wie gut Ihr Gedächtnis und Ihr bildhaftes Vorstellungsvermögen inzwischen schon ist. Schreiben Sie die dazugehörigen Tiere in die leeren Zeilen neben den Buchstaben. (Aber Vorsicht – die Reihenfolge ist verändert!)

Y ______________________ ☐

C ______________________ ☐

H ______________________ ☐

S ______________________ ☐

N ______________________ ☐

B ______________________ ☐

U ______________________ ☐

L ______________________ ☐

X ______________________ ☐

J ______________________ ☐

P ______________________ ☐

W ______________________ ☐

E ______________________ ☐

M ______________________ ☐

A ______________________ ☐

T ______________________ ☐

Z ______________________ ☐

I ______________________ ☐

D ______________________ ☐

R ______________________ ☐

F ______________________ ☐

Q ______________________ ☐

O ______________________ ☐

G ______________________ ☐

V ______________________ ☐

K ______________________ ☐

Wenn Sie alle sechsundzwanzig Tiere noch richtig wußten, brauchen Sie sich um Ihr Gedächtnis keine Sorgen mehr zu machen. Hängen Sie Ihren Beruf ruhig an den Nagel! Ihrer Karriere als Gedächtnisspezialist steht nichts mehr im Wege.

Wenn es weniger als sechsundzwanzig waren, schauen Sie sich die Bilder unseres Tieralphabets noch einmal in Ruhe an. Sie können sie auch kopieren und über Ihren Schreibtisch hängen. Dann haben Sie während jeder Kaffeepause Gelegenheit zum Wiederholen.

Sobald Sie das Gefühl haben, daß Sie alle sechsundzwanzig Tiere des Alphabets vorwärts, rückwärts und in ungeordneter Reihenfolge mühelos abrufen können, dürfen Sie mit den folgenden Übungen beginnen. Dabei haben Sie gleichzeitig auch Gelegenheit, die Zahlensymbole zu wiederholen, denn bei den meisten Übungen handelt es sich um Zahlen-Buchstaben-Kombinationen.

Nun, da Sie sich das Tieralphabet und die Zahlensymbole eingeprägt haben, müssen Sie nur noch eines tun: Üben, üben, üben. Nutzen Sie jede Gelegenheit, die sich Ihnen bietet.

Statt sich zu ärgern, wenn Sie in einem Verkehrsstau stecken, könnten Sie die Zeit zum Beispiel nutzen, indem Sie versuchen, sich die Autonummern Ihrer Leidensgenossen vor und hinter Ihnen einzuprägen. Das ist eine ausgezeichnete Übung. Außerdem kann Ihnen dieses Training vielleicht auch eines Tages aus einer wirklichen Notlage helfen – zum Beispiel, wenn Sie sich die Nummer eines Autofahrers merken möchten, der sich verkehrswidrig verhalten oder Ihren Wagen beschädigt hat, und gerade nichts zum Schreiben griffbereit haben.

Also machen Sie sich einmal die Mühe, ein paar Autonummern abzuspeichern. Es lohnt sich auf jeden Fall!

Nehmen wir an, Ihr Vordermann im Stau hat die Autonummer S–JU 15. Dann müssen in Ihrer Bildergeschichte ein Saurier, ein Jaguar, ein Uhu, eine Kerze und eine Hand vorkommen.

Ganz einfach! Ein Saurier hat sich nach Afrika verirrt und wird von einem Jaguar bedroht, schlägt ihn aber durch sein furchterregendes Aussehen in die Flucht! Dann wird es Nacht, und der Saurier begegnet einem Uhu. Gemeinsam stimmen die beiden eine kleine Nachtmusik an – der Uhu schreit: «Uhuu, uhuuu», und der Saurier brummt und knurrt dazu. Um die Noten lesen zu können, zünden sie sich eine Kerze an.

Sie versuchen einzugreifen und den beiden das Maul zu stopfen, weil das Konzert Sie beim Schlafen stört – doch dabei verbrennen Sie sich die Hand an der Kerze.

Alberner geht es nicht, meinen Sie?

Um so besser! Je alberner die Geschichte ist, um so leichter werden Sie sich die Nummer merken können. Wie hieß sie doch gleich?

Ja, richtig. S–JU 15.

Und nun versuchen Sie es selbst. Bringen Sie ein bißchen Leben in Ihren Buchstabenzoo! Prägen Sie sich folgende Autonummern ein:

RW–AU 307
WN–H 658
LB–U 77
OG–CT 640
GL–HV 433

Und jetzt wollen wir Ihr Buchstabengedächtnis auf die Probe stellen. Decken Sie die linke Seite ab und vervollständigen Sie die Autonummern!

RW– ________________________ ☐

LB– ________________________ ☐

OG– ________________________ ☐

WN– ________________________ ☐

GL– ________________________ ☐

Was – Sie haben sich alle sieben Autonummern richtig gemerkt? Herzlichen Glückwunsch! Dann dürfen Sie sich gleich auf die nächste Übung stürzen.

Wie kommt man von Stuttgart nach Lauffen?

Bei unserer nächsten Übung geht es um Streckenbeschreibungen.

Wer hat beim Fahren schon gern den Autoatlas auf dem Schoß? Wenn Sie keinen Beifahrer haben, ist es sehr praktisch, sich die wichtigsten Streckenabschnitte einfach im Kopf «aufzunotieren».

Das ist leichter, als Sie denken.

Nehmen wir an, Sie möchten von Stuttgart nach Lauffen. Dazu müssen Sie zuerst auf die A 8 fahren, dann in Leonberg auf die A 81 Richtung Karlsruhe überwechseln. Anschließend biegen Sie bei Ludwigsburg auf die B 27 ab.

A 8: Der Affe spielt mit einer Eieruhr. Als er einen Löwen (Leon-) auf einem Berg erblickt, bekommt der Affe (wir müssen ihn noch einmal in unser Bild einbauen, wegen der A 81) es mit der Angst zu tun. Aber er hat Glück: Seine Eieruhr verwandelt sich in eine Kerze, die ihm den Fluchtweg zeigt (damit sind wir auf der A 81).

Nehmen wir an, der Affe heißt Karl. Jetzt ist der Karl in Sicherheit und hat seine Ruhe (Karlsruhe). Denn er hat sich zu seinem Freund Ludwig auf dessen Burg geflüchtet (Ludwigsburg).

Das Glück ist allerdings nur von kurzer Dauer, denn ein Bär nähert sich dem Schloß. Drohend zeigt er sein Gebiß. Da entfliehen Karl und Ludwig auf einem Schwan. Die Fahne, die auf ihrer Burg flattert, bringen sie vorher noch rasch in Sicherheit und nehmen sie mit (B 27).

Merken Sie sich diese Streckenbeschreibung gut, sonst müssen Sie zu Fuß nach Lauffen lauffen!

Haben Sie nun Mut, es selbst zu versuchen?

Versuchen Sie sich die folgenden zwei Streckenbeschreibungen einzuprägen. (Falls Sie es noch nicht schaffen, die Assoziationen im Kopf zu bilden, dürfen Sie ruhig ein Blatt Papier zu Hilfe nehmen.)

Sie möchten von Heidenheim nach Ulm. Dazu müssen Sie zunächst auf die A 7 in Richtung Giengen fahren, dann am Autobahnkreuz Ulm–Elchingen auf die A 8 und dann auf die B 10 Richtung Ulm.

Wenn Sie von Memmingen nach Kaufbeuren möchten, fahren Sie zunächst auf die A 7 in Richtung Kempten; bei Kempten fahren Sie dann auf die B 12 und anschließend auf die B 16 Richtung Kaufbeuren.

Alles klar?

Dann wird Ihnen der folgende Test nicht schwerfallen.

Testen Sie Ihr Gedächtnis!

1. Wie kommt man von Heidenheim nach Ulm?

____

____

____

____

____

____

______________________________________ ☐

2. Wie kommt man von Stuttgart nach Lauffen?

3. Und wie kommt man von Memmingen nach Kaufbeuren?

Formeln und chemische Bezeichnungen

Sehr gute Dienste kann Ihnen das Tieralphabet auch leisten, wenn Sie sich chemische und mathematische Formeln einprägen müssen.

Nehmen wir als Beispiel einmal eine ganz einfache mathematische Formel, die Ihnen sicherlich aus Ihrer Schulzeit noch in Erinnerung ist: $a^2 + b^2 = c^2$.

Diese Formel läßt sich leicht in eine einprägsame kleine Bildergeschichte «übersetzen»: Zwei Affen und zwei Bären feiern Hochzeit und tanzen miteinander. Da laufen ihnen zwei Chamäleons über den Weg. Die sind über diese seltsame Hochzeit so verblüfft, daß sie vor Schreck sofort die Farbe wechseln.

In ähnlicher Weise kann man sich mit Hilfe des Tieralphabets chemische Elemente und Substanzen einprägen. Auch hier nur ein ganz einfaches Beispiel, um Ihnen das Prinzip zu verdeutlichen: NaCl ist die chemische Bezeichnung für Kochsalz. Das können Sie sich leicht merken, wenn Sie Nashorn, Affe, Chamäleon, Lamm und Salz zu einer lustigen Bildergeschichte verknüpfen.

Sicherlich fällt Ihnen dazu etwas ein. Zum Beispiel: Nashorn, Affe, Chamäleon und Lamm feiern eine Grillparty, haben aber das Salz vergessen. Da fischt das Nashorn mit seinem Horn Wasser aus dem Meer, der Affe schüttet es auf einen Felsbrocken, das Chamäleon pustet darauf, damit das Wasser schnell trocknet, und das Lamm hackt die zurückbleibenden Salzkristalle mit seinen Hufen klein.

Wenn Sie Lust haben, können Sie mit folgenden chemischen Bezeichnungen noch ein wenig weiterüben. Schreiben Sie Ihre Assoziationen jeweils in die leeren Zeilen:

HCN – Blausäure ____________________

____

$CHCl_3$ – Chloroform ____________________

____

N_2O – Lachgas ____________________

____

H_2SO_4 – Schwefelsäure ______________________

____

H–COOH – Ameisensäure ______________________

____

Testen Sie Ihr Gedächtnis!

Und jetzt testen Sie wieder Ihr Gedächtnis. Schreiben Sie die chemischen Bezeichnungen neben die deutschen Namen:

Chloroform ______________ ☐

Schwefelsäure ______________ ☐

Ameisensäure ______________ ☐

Lachgas ______________ ☐

Blausäure ______________ ☐

Wenn Sie das geschafft haben, sind Sie bestens gerüstet für unseren nächsten Schwierigkeitsgrad: das mühelose Erlernen von Vokabeln und Fremdwörtern, mit dem ich Sie im nächsten Kapitel vertraut machen möchte.

Gewinnen Sie eine neue Einstellung zum Lernen!

Schon in der Schule wird vielen Menschen das Lernen systematisch verleidet. Jahrelang wurde uns – häufig unnötiges – Faktenwissen eingebleut, das man in jedem Lexikon nachschlagen kann: Jahreszahlen, Formeln, auswendiggelernte Gedichte. Und das auch noch im strengen Dreiviertelstundenrhythmus – 45 Minuten lang lateinische Grammatik, dann 45 Minuten lang chemische Formeln, dann 45 Minuten lang die Greuel der Nazizeit ... Wenn wir uns diese Informationsflut nicht einprägen konnten, drohten schlechte Noten und besorgte oder wütende Elterngesichter.

Diese negativen Erfahrungen haben unsere Einstellung zum Lernen geprägt. Um mit Freude lernen zu können, müssen wir sie erst einmal systematisch auslöschen und uns bemühen, das Lernen mit anderen Augen zu sehen, eine positive Einstellung dazu zu gewinnen.

Erinnern Sie sich doch einmal an positive Lernergebnisse Ihrer Jugend. Denken Sie an ein Ereignis zurück, als Ihnen ganz spontan etwas klar wurde. Versuchen Sie sich die Erkenntnisse ins Gedächtnis zurückzurufen, die Sie wirklich innerlich weitergebracht haben; erleben Sie die Schulstunden, die Ihnen Spaß gemacht haben, im Geiste noch einmal. Versetzen Sie sich in Ihre frühe Kindheit zurück, als Sie noch ungezwungen und mit Freude lernen konnten.

Lernen kann etwas anderes sein, als es bisher für Sie war. Lernen kann ein Abenteuer, eine Entdeckungsreise sein – eine Bereicherung und Erweiterung Ihres jetzigen Gesichtskreises. Interessante Lernthemen können «innere Saiten» in Ihnen zum Klingen bringen und positive Gedanken und Empfindungen auslösen. Selbst Dinge, die einem anfangs langweilig erscheinen, gewinnen ihren Reiz, wenn man sich länger damit beschäftigt.

Wenn Sie sich ganz bewußt auf diese positiven Gedanken zum Thema Lernen konzentrieren, werden Sie bald tatsächlich eine bessere Einstellung zum Lernen gewinnen. Die Lernerfolge werden schneller eintreten. Wenn Sie beim Lernen ein Erfolgserlebnis haben, halten Sie das Gefühl der Freude über Ihren Erfolg intensiv fest, konzentrieren Sie sich darauf. Und vor allem: Lernen Sie mit einem Ziel vor Augen und sehen Sie dieses Ziel in möglichst deutlichen Bildern vor sich. Zielbilder motivieren.

So wird es Ihnen nach und nach gelingen, das Lernen nicht als Zwang zu betrachten, sondern mit Freude und in entspannter Haltung an diese Aufgabe heranzugehen.

Damit sind wir beim zweiten wichtigen Thema: Entspannung. Leider setzen wir uns – wie in so vielen Bereichen unseres Lebens – auch beim Lernen häufig selbst unter Streß. Wir haben Angst vor einer Prüfung, Angst vor Konkurrenz, fürchten, von einem Kollegen überrundet zu werden, wenn wir das neue Computerprogramm nicht begreifen ...

Gerade dieser Streß ist jedoch ein Hindernis für den Lernprozeß; er erzeugt eine «Lernblockade». Dafür gibt es eine ganz einfache biologische Erklärung: Wenn unsere Vorfahren in freier Wildbahn sich einer Gefahr gegenübersahen, konnten sie nicht erst lange überlegen, sondern mußten spontan und rasch reagieren. Für diese Art von Reaktion ist unser Körper ausgerüstet: Wenn wir erschrecken, schütten unsere Hormondrüsen sogenannte «Streßhormone» – Adrenalin und Noradrenalin – aus. Diese Hormone führen zu einer Denkblockade, so daß unser Körper instinktiv richtig reagieren kann, ohne Zeit mit langem Nachdenken zu verlieren.

Zu dieser Denkblockade kommt es nun leider aber auch, wenn wir unter selbsterzeugtem Streß leiden, zum Beispiel bei einer Prüfung oder wenn wir verzweifelt sind, weil wir etwas nicht begreifen. Das ist der Grund, warum viele besonders sensible, ängstliche Schüler bei Prüfungen versagen, obwohl sie den Stoff eine halbe Stunde vorher noch gekonnt haben.

Es ist also von entscheidender Wichtigkeit für uns, in entspanntem Zustand zu lernen. Wir dürfen uns selbst auf gar keinen Fall unter Druck setzen – wir müssen mit Leichtigkeit lernen, nicht mit Anstrengung. Alle Störungen in Form von Ärgernissen, Streit, Angst oder negativem Denken erschweren den Gebrauch des Gedächtnisses erheblich. Denn wie alles in der Natur draußen arbeiten auch unsere geistigen Fähigkeiten auf Harmoniebasis.

Professor Cosanow aus Sofia hat in seinem Sprachlehrinstitut etwa zehn Jahre lang Experimente gemacht und dabei festgestellt, daß unsere Aufnahmekapazität um so größer ist, je entspannter wir sind.

Achten Sie also darauf, sich vor dem Lernen oder vor einer schwierigen Aufgabe, die Ihre ganze Konzentration erfordert, bewußt zu entspannen. Wählen Sie einen Zeitpunkt, zu dem Sie ganz ruhig und gelockert sind und nicht unter Streß stehen, oder machen Sie vorher Entspannungsübungen. Und vor allem: Versuchen Sie nichts zu erzwingen. Wenn Albert Einstein in ein Problem vertieft war und feststellte, daß er nicht weiterkam, löste er sich von dem Problem, ging in den Garten, entspannte sich auf seiner Schaukel ... Und plötzlich, als er schon gar nicht mehr daran dachte, fiel ihm ganz spontan die Lösung ein.

Dieses Rezept funktioniert auch bei Menschen, die keine Genies sind wie Einstein. Wenn Sie das Gefühl haben, «im Kreis herumzugehen», wenn Sie vor einem scheinbar unlösbaren Problem stehen oder das Gefühl haben, daß jetzt wirklich nichts mehr in Ihren Kopf hineingeht, lösen Sie sich von allem, machen Sie einen Spaziergang, arbeiten Sie im Garten, spielen Sie mit Ihren Kindern oder überschlafen Sie die Sache erst einmal.

7.

Vokabeln und Fremdwörter – ein Kinderspiel

Viele Menschen haben Probleme mit dem Vokabelnlernen. Häufig geben sie ihren Plan, eine Fremdsprache zu lernen, wieder auf, weil sie die Vokabelhürde nicht überwinden können.
Das ist schade, denn das Erlernen einer Fremdsprache ist ein sehr interessantes, sinnvolles Hobby, das uns oft auch beruflich weiterbringt. Und es gibt nichts Schöneres als das Erfolgserlebnis, wenn man im Ausland ist und feststellt, daß man sich immer besser verständigen kann, Kontakte mit Einheimischen knüpft und Land und Leute intensiv kennenlernt!

Schluß mit dem Einpauken!

Unsere Schwierigkeiten mit Vokabeln rühren daher, daß sie – ebenso wie Zahlen - etwas sehr Abstraktes sind. Ein Wort in einer fremden Sprache bedeutet für uns nichts, es besteht zunächst nur aus «sinnlosen» Silben, deren Bedeutung wir uns nur einprägen können, indem wir sie auswendig lernen. Häufig kommt als erschwerender Faktor auch noch die ungewohnte Aussprache hinzu.

Leider sind die herkömmlichen Lernmethoden, die Ihnen vielleicht aus Ihrer Schulzeit noch in unangenehmer Erinnerung sind (Vokabeln abschreiben, büffeln, laut aufsagen, sich von den Eltern abfragen lassen, und so weiter), für das Vokabelnlernen denkbar ungeeignet. Außerdem macht stures, gleichförmiges Auswendiglernen natürlich auch keinen Spaß, sondern ist auf die Dauer tödlich langweilig. Und Langeweile ist kein guter Lehrmeister. Wir lernen am besten, wenn wir motiviert sind und Spaß an der Sache haben.

Ich habe mir für Sie eine Methode ausgedacht, mit der man Vokabeln leicht und spielerisch lernen kann. Sie beruht auf den neuesten pädagogischen Erkenntnissen. Mit dieser Methode können selbst Menschen, die «sprachunbegabt» sind (oder sich dafür halten), ihre Lernfähigkeit verdoppeln, ja sogar verdreifachen. Das sture «Einpauken» gehört der Vergangenheit an!

Wie wir bei unseren lustigen Assoziationspaaren bereits gesehen haben, lernen wir um so besser, je mehr «Eingangskanäle» wir am Lernprozeß beteiligen. Das heißt: Wenn wir den Hering im Limonadenglas nicht nur herumschwimmen sehen, sondern ihn auch noch darin plätschern hören und im Geist die salzig schmeckende Limonade kosten, können wir uns das Assoziationspaar «Hering – Limonade» viel besser einprägen.

Das gilt nicht nur für lustige Assoziationsbilder, sondern im Grunde genommen für alle Lernstoffe. Lernen Sie nicht nur über das Auge, sondern auch über das Ohr!

Begnügen Sie sich nicht damit, die Vokabeln nur durch Lesen in sich aufzunehmen. Sprechen Sie sie auf Kassette auf – zuerst auf deutsch, dann in der Fremdsprache. Lassen Sie zwischen den einzelnen Vokabeln und Sätzen immer etwas Zeit zum Nachsprechen. Wenn Sie die ganze Kassette mit einer ruhigen Musik untermalen, erhöht sich der Lerneffekt noch, denn Musik wirkt entspannend, und wenn wir entspannt sind, lernen wir besser. Sie können die Musik als Vor- und Nachspann noch etwa zehn Minuten weiterlaufen lassen.

Sobald Sie 80 Prozent der Vokabeln und Sätze können, besprechen Sie das Tonband neu. Die Wörter und Sätze, die noch nicht so gut saßen, nehmen Sie nochmals auf.

Diese Methode hat den Vorteil, daß Sie die Kassetten auch abhören können, wenn Sie mit anderen Dingen beschäftigt sind, die nicht Ihre volle Konzentration erfordern – zum Beispiel im Zug (mit Kopfhörern), beim Autofahren, in der Kaffeepause, bei Arbeiten in Haus und Garten und so weiter. So ist häufigeres, über den Tag verteiltes Üben möglich.

Ein weiterer Fehler, der häufig gemacht wird, besteht darin, nur einzelne Wörter ohne Zusammenhang zu lernen – womöglich auch noch in alphabetischer Reihenfolge. Auf diese Weise kann man sich Vokabeln schlecht einprägen, weil sie dann wirklich nur sinnlose, aus dem Zusammenhang gerissene Lautgebilde sind.

Lernen Sie also niemals nur ein Wort, sondern stets auch einen kleinen Satz als Anwendungsbeispiel dazu. Das heißt, Sie müssen sich während des Unterrichts nicht nur die neu zu lernenden Vokabeln notieren, sondern zu jeder Vokabel auch noch mindestens einen kleinen Beispielssatz. Solche Sätze finden Sie entweder in Ihrem Buch, oder der Lehrer schreibt Sie an die Tafel. (Kurze Sätze genügen.)

Das mag mühselig erscheinen, ist es aber nicht. Natürlich ist es auf den ersten Blick betrachtet ein etwas größerer Aufwand – aber Sie lernen auch wesentlich mehr dabei. Dadurch, daß Sie das Wort in einen sinnvollen Satz einbetten, prägen Sie es sich automatisch besser ein. Außerdem lernen Sie auf diese Weise nicht nur das Wort, sondern auch gleich die grammatikalischen Satzmuster und bestimmte Redewendungen mit. Diese Satzmuster sind mindestens ebenso wichtig wie die Vokabeln, denn eine Sprache besteht eben nicht nur aus Wörtern, sondern auch aus Sätzen.

Auf diese Weise bekommen Sie ganz automatisch ein Gefühl für die Fremdsprache, die Sie lernen.

Spätestens dann, wenn Sie im Ausland sind und sich zu verständigen versuchen, werden Sie die Früchte Ihrer Bemühungen ernten. Haben Sie immer nur stur und sinnlos Vokabeln auswendig gelernt, so werden Sie jetzt große Schwierigkeiten haben, in Ihrer Fremdsprache einen Satz zu bilden. Sie werden feststellen, daß Sie erst lange überlegen und den Satz Wort für Wort aus dem Deutschen übersetzen müssen. Denn Sie haben die Sprache nur in Wörtern, nicht aber in Satzmustern gelernt. Die grammatikalischen Strukturen sind Ihnen nicht in Fleisch und Blut übergegangen. Dieses wortwörtliche Übersetzen ist sehr mühselig, führt häufig zu Fehlern und dauert vor allem viel zu lange.

Haben Sie sich die Vokabeln dagegen stets in Verbindung mit kleinen Sätzen eingeprägt, so können Sie sich jetzt sehr viel schneller und müheloser in der Fremdsprache ausdrücken, ohne lange nachdenken zu müssen. Denn durch das Einprägen von Sätzen haben Sie die grammatikalischen Satzmuster gründlich eingeübt.

Ich schlage Ihnen daher vor, jedes Wort sowohl einzeln als auch in einen Satz eingebettet zu lernen. Am besten lernen Sie zuerst das Wort und dann anschließend gleich den Beispielsatz.

Eine sehr sinnvolle Sprachlernhilfe ist das sogenannte Karteikastensystem. Legen Sie sich eine Kartei mit drei Abteilungen an. Auf die Vorderseite Ihres Kärtchens schreiben Sie die Vokabeln mit einem kurzen Beispielssatz, auf die Rückseite die deutsche Übersetzung. Die Vokabelkärtchen, die Sie noch nicht können, kommen in Abteilung eins, die Kärtchen, die Sie schon einmal wiederholt haben, in Abteilung zwei, und die Kärtchen, die bereits sehr gut «sitzen», in Abteilung drei. Auf diese Weise behalten Sie den Überblick über Ihren Kenntnisstand.

Beginnen Sie mit etwa 15 Vokabeln und Sätzen pro Tag; sobald diese zu 80 Prozent sitzen, können Sie die tägliche Vokabelmenge langsam steigern. Wer seit längerer Zeit nicht mehr gelernt hat, kann auch mit einer geringeren Vokabelanzahl (etwa acht bis zehn Kärtchen) anfangen. Wichtig ist, daß Sie sich nicht überfordern und auf keinen Fall selbst unter Streß setzen! Wenn Sie das vorhergehende Kapitel («Gewinnen Sie eine neue Einstellung zum Lernen») aufmerksam gelesen haben, wissen Sie, daß Sie sich vor Streß beim Lernen hüten müssen, denn Streß blockiert unser Gedächtnis. Lernen darf also keine «Anstrengung» sein.

Das Schulbuch unter dem Kopfkissen . . .

Damit sind wir bei einem weiteren sehr wichtigen Thema: Entspannung. Je entspannter und gelöster wir sind, um so mehr Lernstoff kann unser Gedächtnis aufnehmen. Wenn wir entspannt sind, entsteht in unserem Gehirn der sogenannte Alpha-Zustand. Unser Gehirn sendet dann meßbare Alpha-Wellen aus. Das ist der Zustand vom Zeitpunkt des Einschlafens bis zwanzig Minuten danach. In dieser Zeit lernen wir am besten.

Es gibt aber auch bestimmte Entspannungstechniken, mit denen sich der gleiche Zustand erreichen läßt. Die bekannteste Methode ist das autogene Training. Wer es beherrscht, kann sich innerhalb weniger Minuten in einen entspannten Zustand versetzen, in dem die Aufnahmekapazität seines Gedächtnisses beträchtlich erhöht ist.

Gleichzeitig hat das autogene Training auch noch viele andere Vorteile, die vor allem für gestreßte Manager von unschätzbarem Wert sind: Man kann damit an nahezu jedem Ort – im Bürosessel, auf der Parkbank, in der Straßenbahn – für ein paar Minuten oder eine Viertelstunde innerlich «abschalten» und Abstand von allem gewinnen. Danach kann man sich ruhig, gelöst und regeneriert wieder den hundert kleinen Aufgaben und Problemen des Alltags zuwenden. Auch für nervöse oder innerlich verkrampfte Menschen mit Einschlafproblemen ist autogenes Training eine große Hilfe.

Vielleicht sollten Sie sich also zuerst einmal eine Kassette mit autogenen Trainingsübungen kaufen und diese Technik erlernen.

Es gibt aber auch noch andere Methoden, mit denen Sie sich in einen angenehm entspannten Zustand versetzen können. Ich möchte Sie in diesem Zusammenhang auf das Kapitel «Ohne Entspannung geht es nicht» auf Seite 136 dieses Buches verweisen. Die Übungen, die ich dort beschrieben habe, sind leicht zu erlernen und haben eine sehr entspannende, ausgleichende Wirkung.

Sobald Sie sich in einen Zustand der Entspannung versetzt haben, schalten Sie Ihren Kassettenrecorder an und spielen die Vokabeln ab.

Noch besser ist es, vor dem Einschlafen zu lernen. Machen Sie einmal die Probe aufs Exempel! Sprechen Sie 20 bis 30 Vokabeln mitsamt der deutschen Bedeutungen auf Kassette auf und spielen Sie diese Kassette ab, wenn Sie am Einschlafen sind. (Dazu verwenden Sie zweckmäßigerweise am besten einen Recorder, der sich von selbst abschaltet.) Morgens beim Aufwachen oder während Sie sich waschen und anziehen, hören Sie sich die Kassette noch einmal an. Ich garantiere Ihnen, daß Sie die Vokabeln auf diese Weise leicht und mühelos lernen werden. An dem Spruch von dem «Schulbuch unter dem Kopfkissen» ist eben doch etwas dran!

Ebenso wichtig ist es, daß Sie während des Lernens häufiger kleine Pausen einlegen. Ich schlage nach jeder Viertelstunde Lernen eine ein- bis zweiminütige Pause vor. Diese kurze Zeit reicht ihnen, um sich zu entspannen, und doch entfernen Sie sich in Gedanken nicht allzu weit von dem Lernstoff, sondern haben Gelegenheit, ihn zu «verdauen». Zwingen Sie sich niemals zum Weiterlernen, wenn Sie das Gefühl haben, daß nun beim besten Willen nichts mehr in Ihren Kopf hineingeht. Durch Erzwingen bewirken Sie das Gegenteil von dem, was Sie erreichen möchten.

Damit haben wir die wichtigsten Voraussetzungen für ein müheloses, effizientes Lernen bereits kennengelernt: Kombination mehrerer Eingangskanäle (Auge und Ohr) und Entspannung. Wenn Sie diese Grundsätze beherzigen, werden sich rasch Erfolgserlebnisse einstellen.

Ein sinnvolles, effizientes Vokabelnlernen könnte also zum Beispiel folgendermaßen aussehen:

Sprechen Sie zehn englische Vokabeln und Beispielssätze mitsamt der deutschen Bedeutung auf Kassette auf. Hören Sie sich diese Kassette vor dem Einschlafen oder in einer Ruhepause an und lesen Sie gleichzeitig im Vokabelbuch mit. Dadurch, daß Sie die Eingangskanäle «Auge» und «Ohr» kombinieren, speichern Sie die Vokabeln doppelt so intensiv ein und verankern sie besser in Ihrem Langzeitgedächtnis.

Am nächsten Tag müßten sieben bis acht Vokabeln ohne weiteres abrufbar sein. Testen Sie sich irgendwann im Laufe des Tages, indem Sie sich die Vokabeln «in beiden Richtungen» abfragen. (Mit Karteikärtchen geht das am besten; wenn Sie ein Lehrbuch oder Vokabelheft haben, dekken Sie jeweils eine Spalte zu.)

Wenn es geklappt hat, sprechen Sie sich am nächsten Tag zehn neue Vokabeln auf. Auch die zwei oder drei Vokabeln vom Vortag, die Sie nicht behalten hatten, werden nochmals aufgenommen.

Am nächsten Tag testen Sie sich wieder. Je entspannter Sie beim Lernen waren, um so besser wird das Ergebnis sein.

Steigern Sie den Schwierigkeitsgrad nun allmählich auf 12, 15, 20, 30, vielleicht sogar 40 Vokabeln.

Ebenso gut ist folgende Methode:

Schreiben Sie 10 bis 20 Vokabeln mit den dazugehörigen Sätzen auf Karteikärtchen, gehen Sie sie einige Male durch und sortieren Sie sie dann. (Sie wissen ja: die bereits erlernten nach hinten und die schwierigeren, die noch nicht so gut sitzen, nach vorn.)

Wenn Sie nun ein wenig müde geworden sind, legen Sie eine kleine Pause ein. Trinken Sie eine Tasse Tee, machen Sie einen kurzen Spaziergang oder gehen Sie unter die Dusche. Das entspannt. Dann sprechen Sie 10 bis 20 weitere Vokabeln und Sätze auf Kassette, legen Sie sich entspannt hin und hören Sie die Kassette ab. Dabei können Sie die Vokabeln gleichzeitig im Vokabelbuch mitlesen, um auch das Auge am Lernprozeß zu beteiligen.

Diese beiden Techniken haben zwei wichtige Dinge gemeinsam: Erstens ist das Lernen mit Entspannung verbunden. Zweitens ist für Abwechslung gesorgt. Der Lehrstoff wird abwechselnd mit dem Auge und mit dem Ohr (oder mit beiden Sinnesorganen gleichzeitig) aufgenommen, und zwischendurch wird öfters eine kleine Pause eingelegt.

Diese Auflockerung durch Abwechslung und kleine Unterbrechungen ist sehr wichtig. Es gibt nichts Ermüdenderes, als stundenlang nach einer und derselben Methode zu lernen. Das ist nicht nur unergiebig, sondern macht auch keinen Spaß.

Daher rate ich Ihnen, öfter einmal etwas Neues zu versuchen und mit allen möglichen Lerntechniken zu experimentieren, bis Sie die Methode gefunden haben, die Ihnen persönlich am meisten liegt. (Natürlich muß man jede Lerntechnik mehrmals ausprobieren, um feststellen zu können, ob sie funktioniert oder nicht.) Wenn Sie viele verschiedene Methoden ausprobieren, sammeln Sie auch viele Erfahrungen, die Sie sich später beim Lernen zunutze machen können. Sie können nicht erwarten, eine so schwierige Aufgabe wie das Lernen gleich auf Anhieb in den Griff zu bekommen. Um ein Ziel zu erreichen, muß man von verschiedenen Seiten Anlauf nehmen, bis man den besten Weg gefunden hat!

Auch beim Wiederholen wird häufig ein gravierender Fehler gemacht. Warten Sie mit dem ersten Wiederholen nicht zu lange! Der bekannte Gehirnforscher Frederic Vester schreibt in seinem Buch «Denken, Lernen, Vergessen», daß – vom chemischen Aufbau unseres Gehirns her – die ideale Wiederholungsphase innerhalb der ersten zehn bis zwanzig Minuten nach Aufnahme des Lernstoffs liegt.

Und warum lernen Sie eigentlich immer allein im stillen Kämmerlein verbissen vor sich hin? Auch das ist ein weitverbreiteter Fehler. Man lernt wesentlich schneller und leichter, wenn man sich mit einem sympathischen Kollegen oder Freund zusammentut, der möglichst den gleichen Kenntnisstand haben sollte. Erstens macht das Lernen zu zweit mehr Spaß; zweitens befruchten zwei Menschen sich bei der Zusammenarbeit immer gegenseitig. Ihr Partner hat vielleicht eine etwas andere Art, sich den Lernstoff einzuprägen, als Sie – Sie profitieren von seiner Lernmethode und er von Ihrer. Kommunikation hat einen Katalysatoreffekt. Außerdem sind Sie beim Lernen zu zweit automatisch gezwungen, nicht nur über das Auge, sondern – im Gespräch mit dem Partner – auch über das Ohr zu lernen.

Wie ich Sie kenne, ist Ihr Terminplan genauso voll wie meiner. Daher ist gute Vorausplanung wichtig. Zu leicht fällt das Lernen sonst unter den Tisch und wird wegen «wichtigerer» Dinge vernachlässigt oder verschoben.

Legen Sie genau fest, wie viele Vokabeln Sie aufschreiben oder auf Kassette aufsprechen möchten. Bestimmen Sie auch den Zeitpunkt der Wiederholung und legen Sie sicherheitshalber auch noch einen Ersatz-Zeitpunkt dafür fest, falls beim ersten Termin etwas dazwischenkommen sollte. Halten Sie sich nach Möglichkeit an Ihren Zeitplan. Es ist immer am besten, wenn man ganz regelmäßig zu einer bestimmten Tageszeit lernt.

Auch der Ort, an dem Sie lernen, ist nicht unwichtig. Wählen Sie einen Ort, an dem Sie entspannt dasitzen oder -liegen können und sich wohl fühlen. Sorgen Sie dafür, daß Sie durch nichts abgelenkt werden – lernen Sie in sicherer Entfernung vom Telefon! (Sie können es auch in eine Schublade stecken und mit einem Kissen «knebeln» oder ganz leise stellen). Teilen Sie den Menschen in Ihrer Umgebung – Ihrer Frau oder Ihren Kindern – mit, wann Sie lernen und daß Sie in dieser Zeit möglichst nicht gestört werden möchten.

Es ist auch sehr wichtig, daß Sie sich immer wieder selbst motivieren. Machen Sie sich klar, warum Sie diese Fremdsprache erlernen möchten, und halten Sie sich Ihr Ziel möglichst plastisch in Form eines Bildes vor Augen.

Sie könnten sich zum Beispiel bildhaft vorstellen, wie Sie sich auf Ihrer nächsten Geschäftsreise in Spanien überall gut verständigen können und wie Ihre spanischen Mitarbeiter Sie abends noch zu einem Wein und einer Paella einladen, um sich mit Ihnen zu unterhalten. Oder wie Ihr Chef Sie wegen Ihrer Fortschritte im Französischen lobt und Ihnen sagt, daß Sie bei der nächsten Marketing-Besprechung in Paris auch dabeisein werden.

Außerdem können Sie sich natürlich zusätzlich motivieren, indem Sie sich ein besonders schönes Reiseziel in dem Land aussuchen, dessen Sprache Sie erlernen, und Ihren nächsten Urlaub dort verbringen. Dann haben Sie Gelegenheit, das Gelernte gleich «vor Ort» anzuwenden, und entwickeln automatisch eine viel intensivere Beziehung zu der Sprache.

Sehr wirkungsvoll sind auch Suggestionsformeln wie zum Beispiel «Das Vokabelnlernen fällt mir von Tag zu Tag leichter», «Ich liebe die italienische Sprache. Sie ist so klangvoll» oder einfach «Ich lerne gern». Sie können sich diese Sätze jeden Abend vor dem Einschlafen vorsagen, auf einen Zettel schreiben und an den Spiegel kleben oder auf Kassette aufsprechen. Durch diese Autosuggestion manipulieren Sie Ihr Unterbewußtsein: Es entwickelt dann ganz von selbst eine positive Grundhaltung zum Lernen und zu der Sprache, mit der Sie sich beschäftigen. Und mit einer positiven Haltung fällt das Lernen leichter.

Diese Grundsätze gelten übrigens nicht nur für das Fremdsprachen- und Vokabelnlernen, sondern lassen sich auf alle Lernstoffe anwenden. Einen Artikel aus einer Fachzeitschrift oder einen Bericht aus einem Wirtschaftsjournal können Sie sich auf die gleiche Weise aneignen wie Ihre Vokabeln.

Die Ersatzwortmethode

Sollten einige Vokabeln trotz all meiner guten Ratschläge beim besten Willen nicht in Ihren Kopf hineingehen, so kann ich Ihnen noch eine Zusatzmethode anbieten: das sogenannte Ersatzwortsystem, das Sie bereits in dem Kapitel «Haben Sie ein gutes Personengedächtnis?» kennengelernt haben.

Man kann für Vokabeln – ähnlich wie für Familiennamen – Ersatzwörter bilden. Diese sollten dem fremden Wort in Klang und Aussprache ähnlich sein.

Wenn Sie nun eine Fremdsprachenvokabel lernen möchten, so müssen Sie das Ersatzwort, das Sie für diese Vokabel gefunden haben, in Gedanken mit der deutschen Bedeutung der Vokabel verknüpfen – so wie bei den Assoziationspaaren, mit denen Sie sich zu Beginn dieses Kurses beschäftigt haben.

Mein Englischlehrer hat mir dazu einmal eine sehr treffende Anekdote erzählt. Er achtete bei Vokabelarbeiten immer sehr streng darauf, daß niemand seinem Nebensitzer etwas «einsagen» durfte. Wer flüsterte, wurde sofort ermahnt. Wenn er trotzdem weiterredete, mußte er sein Heft abgeben. Aber einmal wurde er von einem besonders cleveren Schüler «überlistet» – und statt sich zu ärgern, hat er sich köstlich darüber amüsiert.

Es war bei einer englischen Vokabelarbeit in der zweiten Klasse. Unter anderem wurde das englische Wort für «noch» abgefragt («noch» heißt auf englisch «still»). Ein Schüler stieß den anderen mit dem Ellbogen an und murmelte ziemlich hörbar: «Du, was heißt ‹noch›?» Sofort erntete er einen strafenden Blick von seinem Englischlehrer. Da mischte sich ein anderer Schüler ein. In gespielter Empörung über die Störung runzelte er die Stirn und rief: «Still!»

Einen Augenblick schwieg der andere Mitschüler verdutzt, dann breitet sich ein Lächeln der Erkenntnis auf seinem Gesicht aus, und er schrieb hastig «still» in sein Vokabelarbeitsheft.

Dieser Schüler hat – ohne es zu wissen – die Ersatzwortmethode angewandt.

Ich will Ihnen diese Methode zunächst einmal an ein paar einfachen Beispielen aus dem Englischen veranschaulichen.

Das englische Wort für «Vogel» lautet «bird» (Aussprache: böd). Das klingt so ähnlich wie «Bett». Stellen Sie sich vor, daß ein *Vogel* in Ihrem *Bett* liegt. Sie versuchen ihn zu vertreiben, aber er denkt nicht daran, seinen Platz zu räumen. Böse krächzt er Sie an.

Damit haben Sie die Eselsbrücke zwischen «bird» und «Vogel» geschlagen.

«Oberfläche» heißt auf englisch «surface» (Aussprache: so ähnlich wie söfis). Woran erinnert Sie das? Ich denke dabei an eine ganze bestimmte Sportart . . . Ja. richtig! Ich sehe, Sie haben die gleiche Idee wie ich. Elegant gleitet der *Surfer* auf der Wasser*oberfläche* dahin.

«cat» (Aussprache: kät) heißt «Katze». Stellen Sie sich eine *Katze* vor, die eine *Kette* um den Hals trägt.

Längere Vokabeln muß man manchmal in zwei Ersatzwörter zerlegen. Ein gutes Beispiel ist «bicycle» (= Fahrrad; Aussprache: baisikl). Das klingt wie «Beißen» und «Igel». Stellen Sie sich vor, daß Sie eine *Rad*tour machen und unterwegs absteigen, um einen *Igel* zu *beißen.* (Hoffentlich beißt er nicht zurück!)

Das englische Wort für «Fenster» ist «window» (Aussprache: windöu). Draußen weht ein heftiger *Wind.* Sie rufen entsetzt: *«Oh!»* und machen schnell das *Fenster* zu.

Sie werden mir nun vielleicht entgegenhalten, daß sich sicher nicht alle Vokabeln so leicht in Ersatzbegriffe umwandeln lassen. Dazu kann ich Ihnen folgenden Rat geben: Wenden Sie dieses System nur dann an, wenn ein paar ganz hartnäckige Wörter absolut nicht in Ihren Kopf hinein wollen. Außerdem lernen Sie durch die intensive Beschäftigung mit dem Wort die Bedeutung schon fast von allein, selbst wenn Ihnen kein passender Ersatzbegriff einfällt.

Es ist auch nicht wichtig, daß Ihr Ersatzwort haargenau so klingt wie die Vokabel. Wenn Sie Perfektion anstreben und sich lange das Gedächtnis nach einem möglichst «guten» Ersatzwort zermartern, leidet darunter die Spontaneität, und die ist bei dieser Methode das Wichtigste. Nehmen Sie die erste Assoziation, die Ihnen einfällt. Die geringste Ähnlichkeit genügt schon; denn das Ersatzwort ist nur eine Erinnerungshilfe, eine kleine Stütze für Ihr Gedächtnis. Sie werden sich dann von selbst an den richtigen Wortlaut erinnern.

Versuchen Sie es nun selbst. Schreiben Sie die Assoziationen, die Ihnen zu folgenden englischen Vokabeln einfallen, in die leeren Zeilen:

1. **ladybird – Marienkäfer**
   (Aussprache: laidiböd) ____________________

2. **fridge – Kühlschrank**
   (Aussprache: fridsch) ____________________

3. **bargain – Handel**
(Aussprache: bagin) ______________________________

4. **eagle – Adler**
(Aussprache: igl) ______________________________

5. **eyelash – Wimper**
(Aussprache: ailäsch) ______________________________

Ist es Ihnen gelungen? Haben Sie für alle fünf Vokabeln Ersatzwörter gefunden?

Für den Fall, daß Sie noch Schwierigkeiten damit hatten, habe ich ein paar Ersatzwort-Vorschläge für Sie zusammengestellt

1. **ladybird:** Die *Lady* liegt im *Bett.* Sie hat einen Bettbezug mit *Marienkäfer*muster. (Oder in ihrem Bett krabbeln lauter kleine Marienkäfer umher.)

2. **fridge:** Wenn man die Butter in den *Kühlschrank* legt, bleibt sie lange *frisch.*

3. **bargain:** Wenn Sie sich von jemandem etwas *borgen* (bagain) und es hinterher nicht zurückgeben, haben Sie einen guten *Handel* gemacht.

4. **eagle:** Stellen Sie sich einen *Adler* vor, der einen *Igel* frißt. Viel Freude hat er aber nicht an seinem Mahl, weil ihm die Stacheln im Hals steckenbleiben!

5. **eyelash:** Ihre Sekretärin hat es morgens immer sehr *eilig* (ailäsch). Deshalb setzt sie nie ihre falschen *Wimpern* auf.

Sie sehen – es ist gar nicht so schwer. Mit ein wenig Phantasie kann man jede Vokabel in ein oder mehrere Ersatzwörter «übersetzen». Da Sie das bei unserem Namen-und-Gesichter-Training nun schon ausführlich geübt haben, werden Sie jetzt keine großen Schwierigkeiten mehr damit haben.

In dem Test auf den nächsten beiden Seiten frage ich Sie die Vokabeln nun in beiden Richtungen – deutsch–englisch und englisch–deutsch – ab. Zeigen Sie jetzt, daß Sie ein Sprachgenie sind!

Testen Sie, ob Sie die zehn Vokabeln behalten haben. Unten sind sie noch einmal abgedruckt – diesmal ohne die deutsche Bedeutung. Schreiben Sie die Übersetzung in die leeren Zeilen:

bicycle ______________________________ ☐

cat ______________________________ ☐

eyelash ______________________________ ☐

fridge ______________________________ ☐

bird ______________________________ ☐

eagle ______________________________ ☐

window ______________________________ ☐

surface ______________________________ ☐

bargain ______________________________ ☐

ladybird ______________________________ ☐

Blättern Sie zurück und schauen Sie nach, ob Sie sich alle zehn Vokabeln richtig eingeprägt hatten.

Nun wollen wir sehen, ob die Wörter auch in umgekehrter Richtung – das heißt, vom Deutschen ins Englische – gut sitzen.

Decken Sie den Test auf der linken Seite ab. Unten sehen Sie die deutschen Bedeutungen der Wörter in veränderter Reihenfolge. Schreiben Sie die englische Übersetzung daneben.

Fenster ______________________ ☐

Wimper ______________________ ☐

Katze ______________________ ☐

Marienkäfer ______________________ ☐

Fahrrad ______________________ ☐

Oberfläche ______________________ ☐

Kühlschrank ______________________ ☐

Adler ______________________ ☐

Handel ______________________ ☐

Vogel ______________________ ☐

Es ist wichtig, Vokabeln und Sätze immer «in beiden Richtungen» zu lernen und sie sich auch in beiden Richtungen wieder abzufragen.

So, und weil es so schön war, versuchen wir das gleiche auf der nächsten Seite jetzt auch noch auf spanisch.

Finden sie Ersatzwörter für die folgenden spanischen Wörter. (Das c wird jeweils wie «k» ausgesprochen.) Versuchen Sie, Ihre Assoziationen nun nicht mehr niederzuschreiben, sondern im Kopf zu behalten:

primavera – Frühling

fresco – frisch

duda – Zweifel

cama – Bett

carne – Fleisch

frío – kalt

salir – hinausgehen

bolso – Handtasche

molestar – belästigen

pared – Mauer

Und nun testen Sie sich wieder. Schreiben Sie die deutschen Bedeutungen neben die spanischen Wörter:

cama ______________________ ☐

primavera ______________________ ☐

salir ______________________ ☐

duda ______________________ ☐

pared ______________________ ☐

frío ______________________ ☐

bolso ______________________ ☐

fresco ______________________ ☐

carne ______________________ ☐

molestar ______________________ ☐

Nun – sind Sie mit Ihrem Ergebnis zufrieden? Haben Sie die Vokabeln alle noch hersagen können?

Wenn nicht – hier wieder ein paar Ersatzwort-Vorschläge.

primavera – das ist leicht: Die *Vera* findet den *Frühling prima*!

fresco – stellen Sie sich ein Wandgemälde *(Fresko)* vor, das noch ganz *frisch* ist und in den leuchtendsten Farben strahlt. Oder einen dicken Mann auf einem Volksfest, der so viele Bratwürste *frißt* (fres-), bis er ganz *k.o.* ist.

duda: Ich weiß nicht, ob du da bist. Ich *zweifle* daran, daß *du da* bist.

cama: Mein *Bett* steht in einer jämmerlichen kleinen *Kammer*. Oder: Als ich ihm ein *Bett* hinstellte, *kam er*.

carne: Ihr Metzger ist ein Witzbold. Er verkauft Ihnen das *Fleisch* in einer *Kanne*!

frío: Es ist *kalt*. Ich *frier'* am *Ohr*.

salir: Sie sind in einem *Saal* voller italienischer *Lire*. Aber Geld interessiert Sie nicht. Sie *gehen hinaus*.

bolso: Ihre Frau hat eine alte schwarze *Handtasche*, die sie nicht mehr mag, denn sie *beult so*.

molestar: Auf einer *Mole* sitzt ein *Star*. Als sie sich daneben setzen, fühlt er sich *belästigt* und hackt mit dem Schnabel nach Ihnen.

pared: Ein *Paar* versucht über eine *Mauer* zu klettern. Sie wissen, daß auf der anderen Seite ein tiefer Abgrund gähnt, und *retten* die beiden, indem Sie sie zurückrufen.

Testen Sie Ihr Gedächtnis!

Inzwischen haben Sie sich die Vokabeln sicherlich in beiden Richtungen eingeprägt. Decken Sie die obere Hälfte der Seite mit einem Blatt Papier ab und schreiben Sie nun die spanischen Wörter neben die deutschen Bedeutungen:

kalt ______________________ ☐

frisch ______________________ ☐

belästigen ______________________ ☐

Frühling ______________________ ☐

Handtasche ______________________ ☐

Zweifel ______________________ ☐

Wand ________________________________ ☐

Bett ________________________________ ☐

hinausgehen ________________________________ ☐

Fleisch ________________________________ ☐

So, nun haben Sie schon ein wenig Routine gewonnen. Diese Methode können Sie in Zukunft immer anwenden, wenn eine Vokabel beim besten Willen nicht in Ihren Kopf hineingeht. Und falls es Ihnen nicht gelingen sollte, ein Ersatzwort zu finden, garantiere ich Ihnen, daß Ihnen die Vokabel schon durch die Suche nach dem Ersatzwort so vertraut werden wird, daß Sie sie nie wieder vergessen!

Was ist ein Barograph?

Auf Fremdwörter kann man das gleiche Prinzip anwenden. Man übersetzt das Fremdwort einfach in ein Ersatzwort (oder mehrere) und bildet dann eine Assoziation zwischen dem Ersatzwort und der Bedeutung des Fremdwortes.

Ich will Ihnen das gleich einmal an ein paar einfachen Beispielen demonstrieren.

«Pica» ist eine genormte Schriftgröße bei der Schreibmaschine.

Wie merkt man sich das?

Das ist gar nicht schwer. Ein Vogel fliegt in Ihr Arbeitszimmer und *pickt* (Pica) an den Tasten Ihrer Schreibmaschine herum. Daraufhin erscheinen auf dem eingespannten Blatt Papier *genormte* (gleich große) *Buchstaben.*

Ein «Frontispiz» ist die Verzierung eines Buchtitelblattes.

Auch dafür läßt sich leicht ein Ersatzwort finden, wenn man seine Phantasie ein wenig spielen läßt. Die Vorderseite (Front) Ihres Buches ist mit spitzen Nadeln verziert. Die *Front ist spitz.* Sie stechen sich jedesmal daran, wenn Sie es in die Hand nehmen.

«frankophil» = frankreichfreundlich. Das ist besonders leicht.

Franco fiel ins Wasser; und weil er *die Franzosen so liebte*, schwamm er nach Frankreich.

Eine «Pelerine» ist ein weiter Umhang (so ähnlich wie ein Cape). Stellen Sie sich eine Frau in einem weiten *Umhang* vor, die eine *Mandarine* mitsamt der *Pelle* ißt!

«Belcanto» stammt aus dem Italienischen und heißt, wörtlich übersetzt, «schöner Gesang». Gemeint ist ein italienischer, virtuoser Gesangsstil. Stellen Sie sich vor, Ihr Hund versucht eine Arie zu singen, aber es wird nur ein heiseres Gebell daraus. Er hat eben doch nicht das Zeug zum Tenor! Hämisch sagen Sie zu ihm: «*Bell'n kannst du* (Belcanto), aber *singen* kannst du nicht!»

«Pedikulose» ist die wissenschaftliche Bezeichnung für den Lausbefall beim Menschen. Stellen Sie sich vor, der *Petticoat* Ihrer Frau sitzt *lose*, so daß *Läuse* hineinkriechen können.

Eine «Mutante» ist ein Lebewesen, dessen Erbgut sich verändert hat. Stellen Sie sich vor, das Erbgut Ihrer Tante hat sich verändert. Sie hat sich in eine Kuh verwandelt und schreit «*muh*»! Sie ist eine *«Muh-Tante»*.

Eine «Zisterne» ist ein unterirdischer Behälter zum Auffangen von Regenwasser. Kein Problem! Wenn man an den *Sternen zieht* (zieh – Sterne), fallen sie in den *Wasserbehälter*.

Ein «Hallimasch» ist ein eßbarer Pilz. Sie *marschieren* mit Ihren Kindern in eine *Halle* und essen dort ein *Pilz*gericht.

Zu guter Letzt habe ich mir für Sie ein besonders leichtes Beispiel ausgedacht, zu dem Ihnen sicherlich auf Anhieb ein Ersatzwort einfällt: «Barograph». Das ist ein selbstaufzeichnender Luftdruckmesser.

Schreiben Sie Ihr Ersatzwort (es können auch mehrere sein) und Ihre Assoziation in diese Zeilen:

Und nun testen Sie, ob Sie alle zehn Fremdwörter im Gedächtnis behalten haben. Schreiben Sie die Bedeutungen in die leeren Zeilen:

Belcanto ______________________ ☐

Zisterne ______________________ ☐

Pica ______________________ ☐

Pelerine ______________________ ☐

Pedikulose ______________________ ☐

Barograph ______________________ ☐

Frontispiz ______________________ ☐

Mutante ______________________ ☐

Hallimasch ______________________ ☐

frankophil ______________________ ☐

Sie können nun leicht selbst weiterüben. Nehmen Sie ein Fremdwörterlexikon zur Hand, suchen Sie aufs Geratewohl ein paar Fremdwörter heraus, schreiben Sie die Wörter auf Karteikärtchen und die dazugehörigen Bedeutungen auf die Rückseite der Kärtchen. Dann versuchen Sie sich die Fremdwörter mit Hilfe der Ersatzwortmethode einzuprägen.

Besonders viel Spaß macht diese Übung zu zweit!

Es ist auch eine gute Übung, wenn Sie jedes Ihnen unbekannte Fremdwort, auf das Sie beim Lesen oder in einer Fernsehsendung stoßen, sofort nachschlagen und sich einzuprägen versuchen. Dadurch üben Sie sich nicht nur in der Ersatzwortmethode, sondern erweitern gleichzeitig auch noch Ihren Bildungshorizont.

Zum Schluß möchte ich Ihnen noch verraten, welche Assoziation mir zu dem Wort «Barograph» eingefallen ist. Ein *Graf* sitzt an einer *Bar, mißt den Luftdruck* und *schreibt* sein Ergebnis *selbst auf.*

Test
So gut ist Ihr Gedächtnis jetzt!

Und nun testen Sie, wie sehr sich Ihr Gedächtnis verbessert hat. Der folgende Abschlußtest entspricht im Schwierigkeitsgrad genau dem Test, mit dem ich Ihre kleinen grauen Zellen zu Beginn dieses Gedächtniskurses auf die Probe gestellt habe.

Sie brauchen kein Lampenfieber zu haben! Sie werden staunen, was für Fortschritte Sie inzwischen gemacht haben!

1. Begriffspaare – jetzt ein Kinderspiel für Sie

Lesen Sie die folgenden fünfzehn Begriffspaare einmal langsam und aufmerksam durch. Dann machen Sie eine kleine Pause (etwa drei bis vier Minuten). Anschließend machen Sie den Test auf der nächsten Seite.

Klavier – Kaugummi

Thermometer – Schreibmaschinenpapier

Wiese – Radiergummi

Brief – Blumen

Kartoffeln – Papierservietten

Briefmarken – Papierkorb

Hotel – Waschpulver

Kamm – Krawatte

Reiseprospekt – Bleistift

Socken – Notizblock

Hammer – Blumenerde

Vase – Rechnung

Klebstoff – Büroklammern

Zigaretten – Schlagsahne

Briefbeschwerer – Kugelschreiber

Wissen Sie die fünfzehn Begriffspaare noch?
Natürlich! So etwas können Sie inzwischen schon im Schlaf.

Decken Sie die obere Hälfte dieser Seite ab. Dann schreiben Sie die fehlenden Begriffe in die leeren Zeilen, überprüfen Sie Ihr Ergebnis und geben Sie sich wieder für jedes richtig ergänzte Begriffspaar einen Punkt:

Reiseprospekt ______________ ☐

Briefmarken ______________ ☐

Klavier ______________ ☐

Zigaretten ______________ ☐

Thermometer ______________ ☐

Briefbeschwerer ______________ ☐

Wiese ______________ ☐

Socken ______________ ☐

Klebstoff ______________ ☐

Kartoffeln ______________ ☐

Vase ______________ ☐

Brief ______________ ☐

Hammer ______________________ ☐

Kamm ______________________ ☐

Hotel ______________________ ☐

Maximal erreichbare Punktzahl: 15
Haben Sie alle 15 Punkte erreicht? ☐

2. Einkaufszettel wozu?

Lesen Sie die drei unten abgedruckten Erledigungslisten aufmerksam durch (pro Liste eine Minute), legen Sie dann wieder eine kleine Pause ein und machen Sie anschließend den Test auf der nächsten Seite.

1. Gießkanne
Koffer
Taschentücher
Brille
Heftpflaster
Teebeutel

2. Käse
Pfeffer
Rotwein
Honig
Kaktus
Handtuch

3. Kerzen
Salzstangen
Pralinen
Visitenkarten
Filzstifte
Briefwaage

Haben Sie sich alles gemerkt?

Dann ergänzen Sie die folgenden Listen. Für jede komplette und richtige Einkaufsliste gibt es einen Punkt.

1. Käse

____

____

____

____

______________________ ☐

2. Gießkanne

____

____

____

____

______________________ ☐

3. Kerzen

____

____

____

____

______________________ ☐

Maximal erreichbare Punktzahl: 3

Ihre Punktzahl: ☐

3. Können Sie überzeugen?

Um einen anderen Menschen von etwas überzeugen zu können, muß man seine Argumente lückenlos und griffbereit im Kopf haben.

Wie man das schafft, haben Sie in diesem Gedächtnis-Kurs gelernt.

Sie sind im Vertrieb eines Verlages tätig und möchten einem Buchhändler die Vorzüge eines neuen Romans schmackhaft machen. Sie haben sich vorher schon genau zurechtgelegt, was Sie ihm sagen möchten. Nun müssen Sie sich Ihre Verkaufsargumente nur noch in der richtigen Reihenfolge einprägen, damit Sie im Eifer des Gefechts auch keines vergessen.

Lesen Sie sich die folgenden fünf Sätze dreimal hintereinander aufmerksam durch. Dann machen Sie eine kleine Kaffeepause und anschließend den Test auf der nächsten Seite. Für jedes Argument, das Sie noch richtig wußten, erhalten Sie einen Punkt! Dabei kommt es nicht auf den genauen Wortlaut, sondern nur auf die inhaltliche Richtigkeit an.

1. **In Amerika ist dieses Buch die Nummer eins auf der Bestsellerliste; die Leute reißen es sich gegenseitig aus den Händen.**

2. **Die Handlung ist sehr originell: Der Leser muß am Schluß selbst den Mörder finden!**

3. **Es ist auch eine Fernsehverfilmung des Romans geplant.**

4. **Im «SPIEGEL» wurde das Buch sehr gelobt.**

5. **Der Autor wäre bereit, durch Deutschland zu reisen und in verschiedenen Buchhandlungen sein Buch zu signieren.**

Und jetzt blättern Sie bitte um!

Sie müssen nun versuchen, mir dieses Buch zu verkaufen. Das wird Ihnen bestimmt nicht schwerfallen – schließlich haben Sie ja einige schlagkräftige Verkaufsargumente.

Erinnern Sie sich noch an diese Argumente?

1. ______________________________

____

______________________________ ☐

2. ______________________________

____

______________________________ ☐

3. ______________________________

____

______________________________ ☐

4. ______________________________

____

______________________________ ☐

5. ______________________________

____

______________________________ ☐

Maximal erreichbare Punktzahl: 5

Wie viele Punkte haben Sie? ☐

4. Vokabeln – kein Problem mehr für Sie!

Wie man unbekannten Vokabeln zu Leibe rückt, wissen Sie ja inzwischen. Also wird es Ihnen sicherlich leichtfallen, sich die folgenden acht spanischen Vokabeln einzuprägen. Mit ein wenig Phantasie lassen sich leicht Ersatzwörter dafür finden.

Lesen Sie sich die Vokabeln aufmerksam durch. (Inzwischen wissen Sie es wahrscheinlich schon – das «c» wird wie «k» ausgesprochen.) Sie haben dazu zwei Minuten Zeit.

Dann machen Sie wieder eine kleine Pause. Und anschließend stürzen Sie sich voller Optimismus auf den Test auf der nächsten Seite. Ich verspreche Ihnen: Er wird Ihnen nicht spanisch vorkommen . . .

caldo – Fleischbrühe

terminar – beenden

fresa – Erdbeere

barba – Bart

carretera – Straße

boca – Mund

feo – häßlich

calor – Wärme

Schreiben Sie die deutschen Bedeutungen der spanischen Wörter in die leeren Zeilen.

Für jede Vokabel, die Sie noch richtig wußten, gibt es einen Punkt.

carretera ____________________ ☐

terminar ____________________ ☐

barba ____________________ ☐

fresa ____________________ ☐

caldo ____________________ ☐

feo ____________________ ☐

calor ____________________ ☐

boca ____________________ ☐

Maximal erreichbare Punktzahl: 8
Sicher haben Sie sie erreicht! ☐

5. Zeigen Sie, daß Sie ein phantastisches Personengedächtnis haben!

Prägen Sie sich die folgenden zwölf Namen und Gesichter ein. Sie haben dazu zwei Minuten Zeit. Dann machen Sie wieder eine kleine Pause und anschließend den Test auf Seite 236.

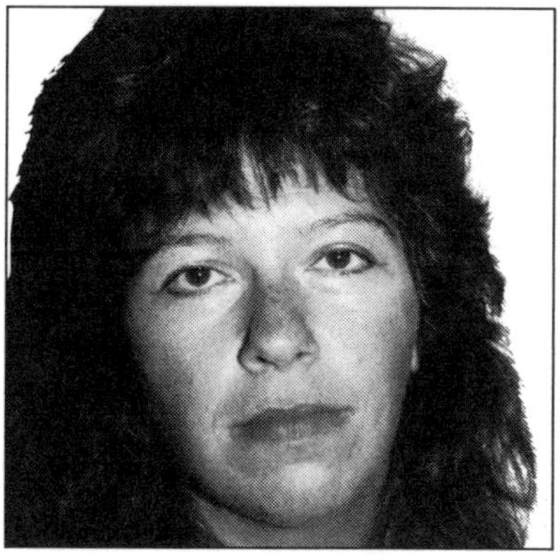

Frau Schäfer

Frau Waldmann

Herr Wacker

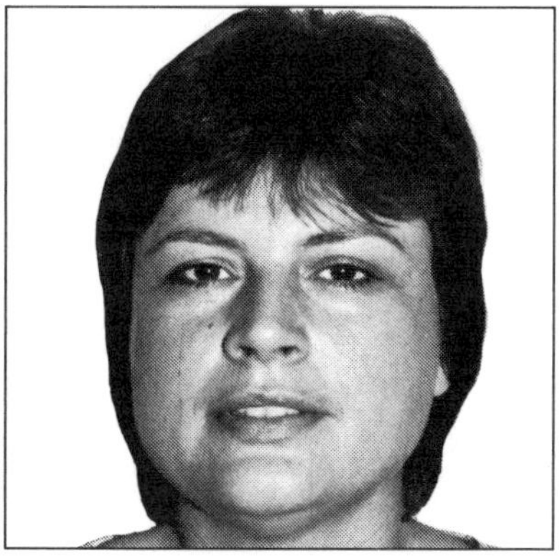

Frau Hohenstein

Frau Dalström

Herr Windeck

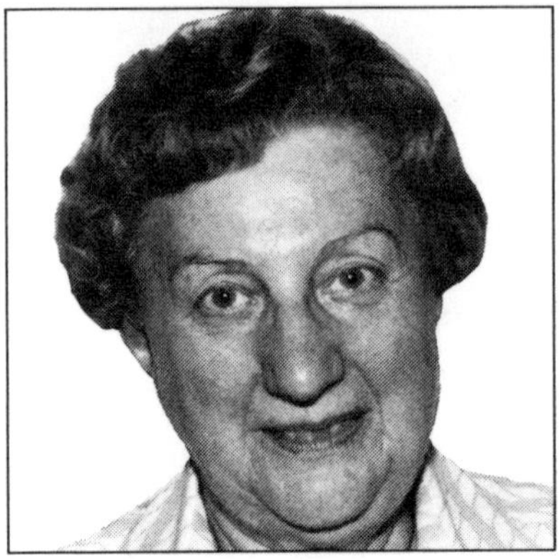

Frau Rötting

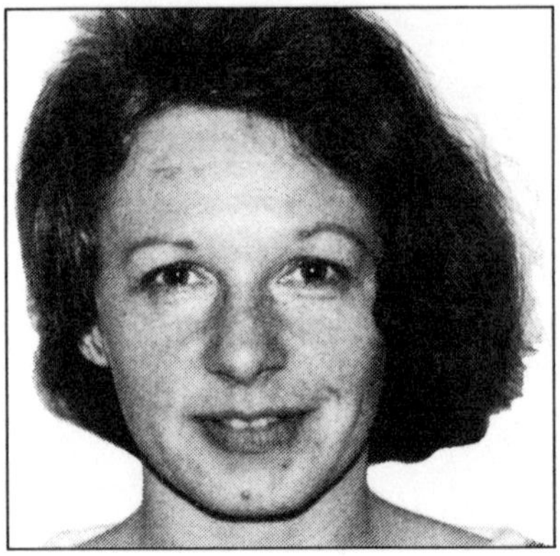

Frau Kolb

Herr Kröner

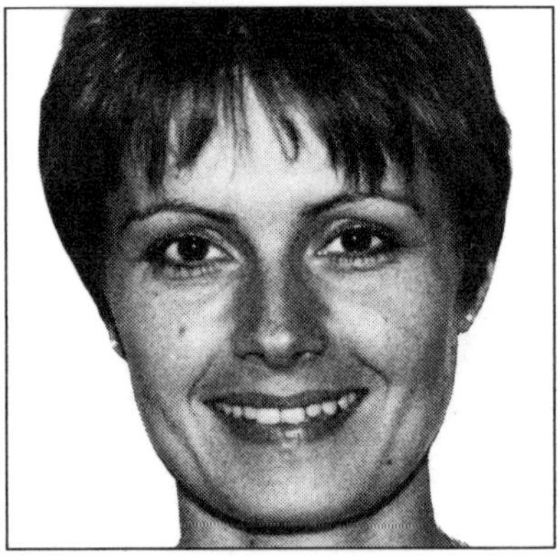

Frau Binder

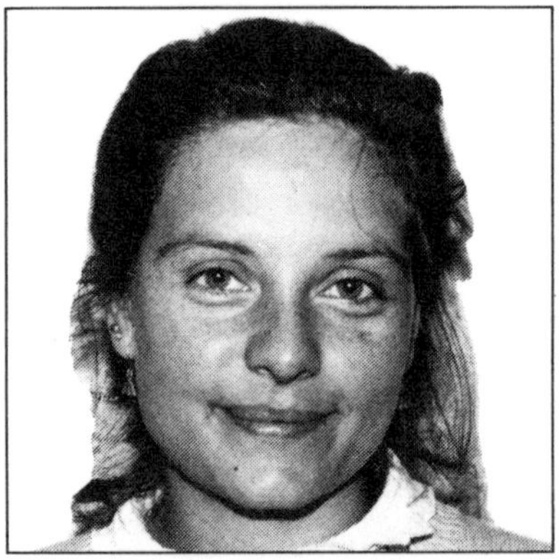

Frau Krampe

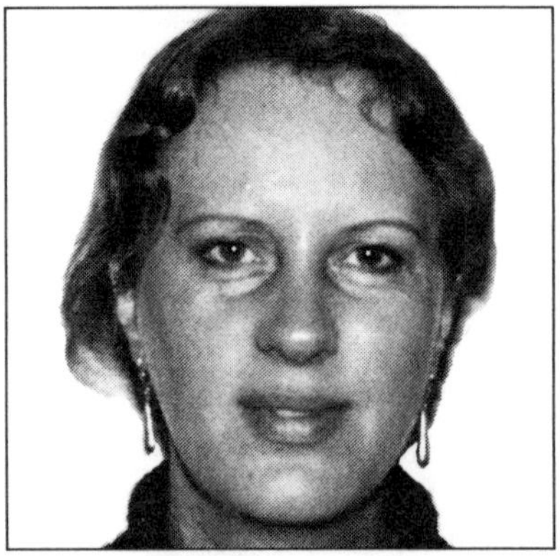

Frau May

Sicherlich haben Sie sich die Namen und Gesichter gemerkt!

Schreiben Sie die Namen in die leeren Zeilen unter den Fotos auf der nächsten Seite. (Vorsicht, ich habe die Reihenfolge der Gesichter ein wenig verändert!)

Für jeden Namen, den Sie noch wußten, dürfen Sie sich unten in dem Kästchen einen Punkt eintragen.

Maximal erreichbare Punktzahl: 12

Ihre Punktzahl: ☐

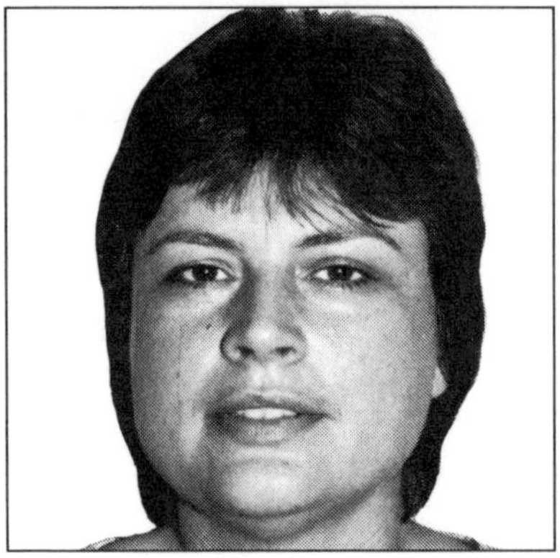

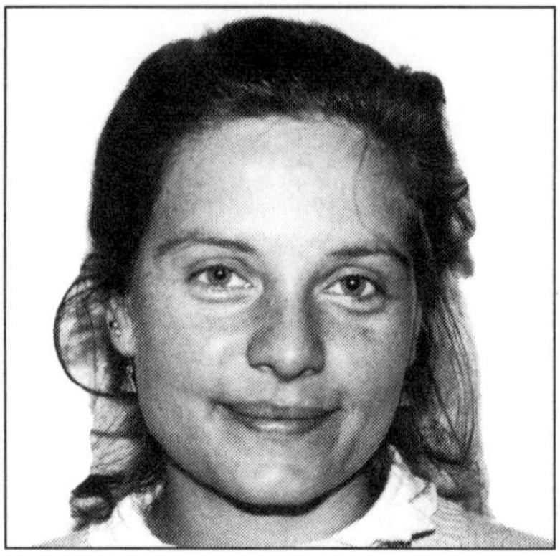

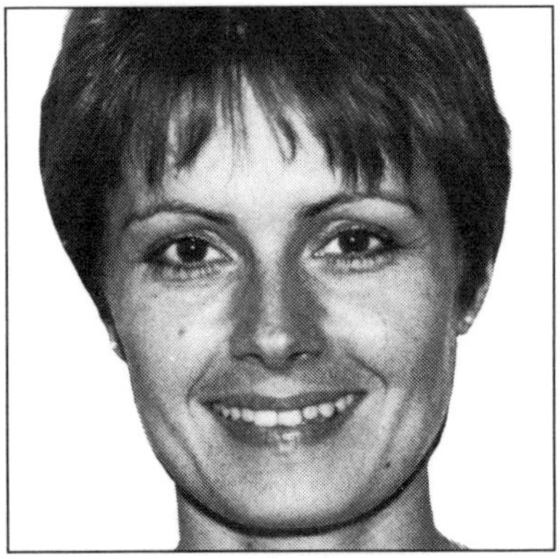

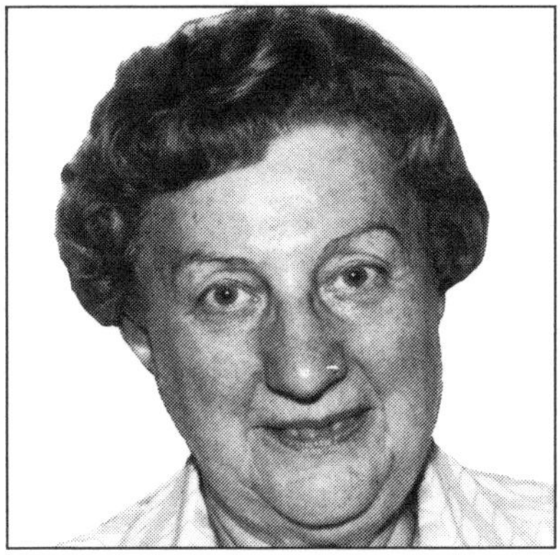
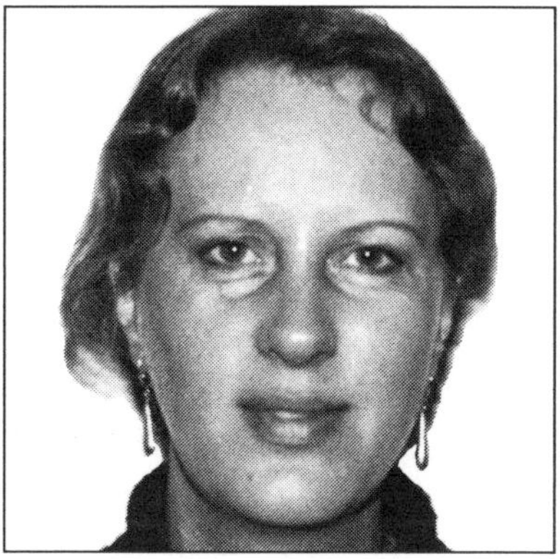
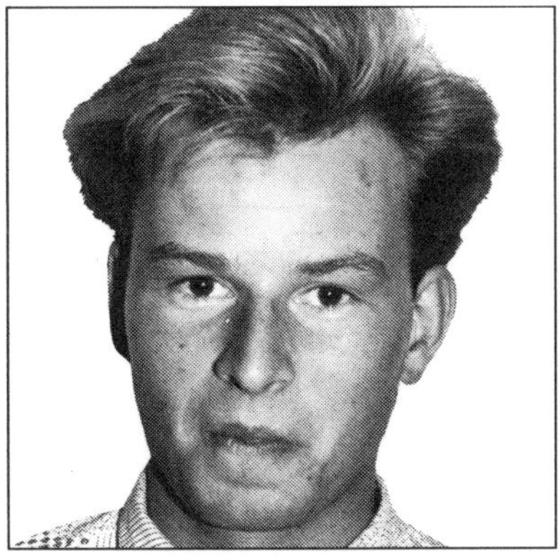
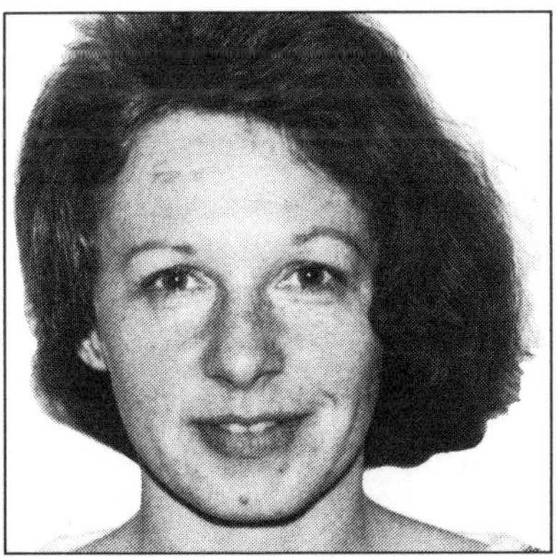

6. Ihr Zahlengedächtnis ist brillant!

Sie brauchen jetzt kein Telefonbuch mehr, da Sie alle Telefonnummern Ihrer Freunde, Kollegen und Bekannten mühelos im Kopf behalten können.

Prägen Sie sich die untenstehenden fünf Telefonnummern ein. Sie haben dazu eine Minute Zeit. Dann trinken Sie eine Tasse Kaffee und wagen Sie sich anschließend an den Test auf der nächsten Seite.

574683

310947

605471

289577

970453

Wissen Sie die Nummern noch?

Dann ergänzen Sie sie. Die erste Ziffer ist jeweils angegeben.

Für jede richtig ergänzte Telefonnummer bekommen Sie einen Punkt gutgeschrieben.

6 ______________________________ ☐

3 ______________________________ ☐

9 ______________________________ ☐

2 ______________________________ ☐

5 ______________________________ ☐

Maximal erreichbare Punktzahl: 5

Ihre Punktzahl: ☐

Vergleichen Sie Ihre Punktzahl mit dem Ergebnis, das Sie zu Beginn dieses Kurses erzielt hatten. Sie werden überrascht sein!

AUSWERTUNG DES TESTS

Maximal erreichbare Punktzahl: **48**

Und wie viele Punkte haben Sie erreicht? ________

Seien Sie stolz!
Sie haben etwas erreicht!

Sie haben jetzt das Zeug zum Gedächtnisakrobaten. Aber Sie dürfen sich natürlich nicht auf Ihren Lorbeeren ausruhen. Lassen Sie nicht locker! Nur durch ständiges Üben können Sie Ihr Gedächnis auf dem Leistungsniveau halten, das Sie jetzt erreicht haben, und Ihre Gedächtnisleistungen sogar noch steigern.

Das Üben nimmt ja nicht viel Zeit und Energie in Anspruch, da man es nicht systematisch, sondern ganz nebenbei und spielerisch in Alltagssituationen betreibt.

Wenn Sie im Stau stehen, prägen Sie sich die Autonummern des Leidensgenossen vor Ihnen ein. Wenn Sie sich die Tagesschau ansehen oder Zeitung lesen, verknüpfen Sie die wichtigsten Tagesereignisse mit den Zahlensymbolen. Versuchen Sie, sich Namen und Gesichter einzuprägen, auf die Sie in Zeitschriften und Illustrierten stoßen. Und spielen Sie an verregneten Wochenenden oder gemütlichen Abenden mit Ihrer Familie öfter einmal das Kreativitätsspiel und das Gedächtnisspiel!

Mehr brauchen Sie nicht zu tun. Bald wird Ihnen das Üben so zur Gewohnheit geworden sein, daß Ihnen automatisch Assoziationen einfallen, wenn Sie irgendwo auf eine Zahl oder einen Namen stoßen. Dann haben Sie die höchste Stufe des Gedächnistrainings erreicht: Die Methode ist Ihnen so in Fleisch und Blut übergegangen, daß Sie gar nicht mehr nachzudenken brauchen.

Ich wünsche Ihnen viel Freude und Erfolg mit Ihrem neuerworbenen Supergedächtnis!

Ihr Gedächtnistrainer

Roland R. Geisselhart

Wissen Sie die Nummern noch?

Dann ergänzen Sie sie. Die erste Ziffer ist jeweils angegeben.

Für jede richtig ergänzte Telefonnummer bekommen Sie einen Punkt gutgeschrieben.

6 ______________________________ ☐

3 ______________________________ ☐

9 ______________________________ ☐

2 ______________________________ ☐

5 ______________________________ ☐

Maximal erreichbare Punktzahl: 5

Ihre Punktzahl: ☐

Vergleichen Sie Ihre Punktzahl mit dem Ergebnis, das Sie zu Beginn dieses Kurses erzielt hatten. Sie werden überrascht sein!

AUSWERTUNG DES TESTS

Maximal erreichbare Punktzahl: **48**

Und wie viele Punkte haben Sie erreicht? ________

Seien Sie stolz!
Sie haben etwas erreicht!

Sie haben jetzt das Zeug zum Gedächtnisakrobaten. Aber Sie dürfen sich natürlich nicht auf Ihren Lorbeeren ausruhen. Lassen Sie nicht locker! Nur durch ständiges Üben können Sie Ihr Gedächnis auf dem Leistungsniveau halten, das Sie jetzt erreicht haben, und Ihre Gedächtnisleistungen sogar noch steigern.

Das Üben nimmt ja nicht viel Zeit und Energie in Anspruch, da man es nicht systematisch, sondern ganz nebenbei und spielerisch in Alltagssituationen betreibt.

Wenn Sie im Stau stehen, prägen Sie sich die Autonummern des Leidensgenossen vor Ihnen ein. Wenn Sie sich die Tagesschau ansehen oder Zeitung lesen, verknüpfen Sie die wichtigsten Tagesereignisse mit den Zahlensymbolen. Versuchen Sie, sich Namen und Gesichter einzuprägen, auf die Sie in Zeitschriften und Illustrierten stoßen. Und spielen Sie an verregneten Wochenenden oder gemütlichen Abenden mit Ihrer Familie öfter einmal das Kreativitätsspiel und das Gedächtnisspiel!

Mehr brauchen Sie nicht zu tun. Bald wird Ihnen das Üben so zur Gewohnheit geworden sein, daß Ihnen automatisch Assoziationen einfallen, wenn Sie irgendwo auf eine Zahl oder einen Namen stoßen. Dann haben Sie die höchste Stufe des Gedächnistrainings erreicht: Die Methode ist Ihnen so in Fleisch und Blut übergegangen, daß Sie gar nicht mehr nachzudenken brauchen.

Ich wünsche Ihnen viel Freude und Erfolg mit Ihrem neuerworbenen Supergedächtnis!

Ihr Gedächtnistrainer

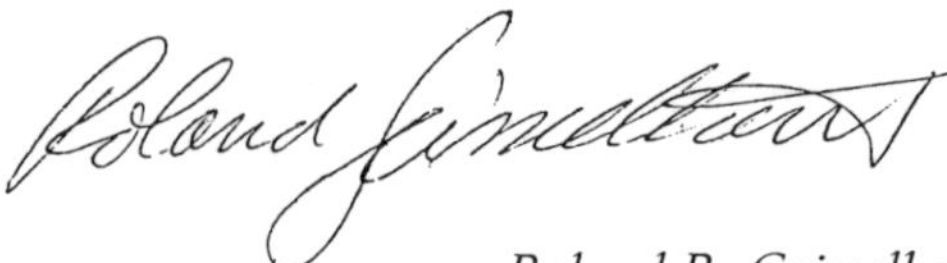

Roland R. Geisselhart